Johann Lafer

Lebenslust und Tafelfreuden

DUMONT

Geschmack und Fingerspitzengefühl: Ohne solche Fertigkeit kann ein Koch sein Reich nicht regieren. Johann Lafer ist ein absoluter Herrscher am Herd

Konzentration und Augenmaß: In der Küche eines Luxusrestaurants geht es auch einmal turbulent zu. Doch die Inspiration wächst aus der Spannung und der Stille, wenn Johann Lafer und seine weiße Brigade ihre Arbeit tun

Schönheitssinn und Gaumenlust: Das Auge, heißt es, ißt mit – am Genuß der Haute Cuisine sind alle Sinne beteiligt. Wie ein Regisseur die Akte eines Theaterstücks inszeniert Johann Lafer auf dem Teller die Gänge eines Menüs bis hin zur Abfolge der köstlichen Aromen und Saucen

Stromburg
LE VAL D'OR

Johann Lafer

Lebenslust und Tafelfreuden
Die hohe Kunst der kreativen Küche

Mit den fünfzig herrlichsten Gerichten
des großen Kochs und Pâtissiers

In sechs Szenen und einem Panorama
beschrieben von Christian Barckhaus

Fotografiert von Wolfgang Wesener
und Michael Wissing
Gestaltet von Peter Breul

Herausgegeben von Thomas Schröder

DUMONT

Inhalt

In diesem Unterricht lernen die Schülerinnen und Schüler wirklich fürs Leben: Johann Lafer lehrt in seinen Kochseminaren mehr als nur ein kulinarisches Alphabet – er schenkt seinen Eleven Einblicke in Theorie und Praxis seiner Genußphilosophie

Die fröhliche Schule der Genüsse

Kochen hat auch mit Verwandlung zu tun: Johann Lafers lukullische Lehranstalt „Table d'Or"

Können Sie kochen? Ist das nicht beinahe eine Frage wie: Können Sie atmen? Können Sie lieben? Seitdem die Menschen das Feuer und das Salz besitzen, wissen sie, daß ihnen das in der Fallgrube gefangene Wildschwein, der mit dem Pfeil erlegte Vogel, der ins Netz gegangene Fisch besser bekommen und köstlicher schmecken, wenn die im Kochtopf oder am Spieß mit der Glut in Berührung gekommen sind und wenn das Salz ihren Geschmack aufgeschlossen hat. Seitdem gehört das Kochen zu den elementaren Lebensvollzügen, die den Menschen vom Tier unterscheiden. Müßte nicht jeder Mensch kochen können? Johann Lafer stammt aus einer Welt, in der zwar nicht jeder Mensch, aber vielleicht doch in jeder Familie ein Mensch, die Hausfrau, kochen konnte. Wenn eine Fähigkeit so weit verbreitet ist, darf man von einer Kultur reden. „Kultur gibt es dort, wo es zur Herstellung schöner und guter Dinge keiner spezialisierten Künstler bedarf", hat man gesagt, und man könnte diesen Satz ergänzen, „wo man überall einen herrlichen Sonntagsbraten bekommt, auch wenn kein ausgebildeter Koch am Herd gestanden hat."

Legt man diesen Maßstab an, sieht es in den Ländern des industriellen und technischen Fortschritts mit der Kultur oft gar nicht so gut aus. Es ist jedoch nicht nur Traditionsverlust, ein Verlernen und Verlieren einst elementarer Kenntnisse in Verbindung mit immer feinerer Spezialisierung, der der überwiegenden Zahl der modernen Menschen den Kochlöffel aus der Hand genommen hat – es ist auch eine in der Menschheitsgeschichte noch nie dagewesene Fülle des Neuen auf dem Gebiet der Speisen, der Weine, der Zubereitungsweisen, die den zum Genießen durchaus gestimmten Laien einschüchtern muß. Die großen Familienköchinnen einer zwar noch nicht lange, aber dafür um so gründlicher untergegangenen Zeit beherrschten den Küchenzettel ihrer Region. Sie wußten, was in ihren Breiten gedieh, wann es am besten war; sie kannten sich mit der Mast ihrer Hühner aus und folgten mit allen Nachbarinnen dem steigenden Jahr im Einmachen und Konservieren. Wer im Binnenland lebte, kannte als einzigen Salzwasserfisch oft nur den eingelegten Hering. Auch die Weine anderer Regionen blieben unbekannt, und in den weiten Teilen Deutschlands, in denen kein Wein wächst, tranken viele Leute in ihrem ganzen Leben höchstens beim Abendmahl einen kleinen Schluck Wein aus dem Kelch des Pastors. Dem steht heute eine Flut des Angebots gegenüber. Mit der Öffnung der Märkte und neuer Produktionsmethoden, die von den Zwängen der Jahreszeit befreiten, ist eine Allgegenwart aller erdenklichen Produkte aus der ganzen Welt entstanden. Zuerst eröffneten Italiener und Chinesen ihre Restaurants in Deutschland, dann kamen immer neue Nationen: In einer deutschen Großstadt kann man heute russisch und äthiopisch, mexikanisch und vietnamesisch essen. Die großen Reisen, die alle Teile der Bevölkerung inzwischen unternehmen, brachten eine zusätzliche Neugier auf exotische Geschmäcker und Gerüche. Nur das Selbermachen blieb bei solch übermäßiger Anregung, man möchte sagen: notwendigerweise, auf der Strecke.

Es gehört zum Denken des Johann Lafer, daß er während seiner exquisitesten Phantasien niemals die Verbindung zu den Menschen verlieren will, die ein gutes Essen zwar mit Freude verzehren, dafür aber kein Studium der Gastrosophie ablegen wollen. Die Lehrzeit eines großen Kochs ist hart und dauert lang. Aber wie oft bei großen Künstlern und Handwerkern findet man bei ihm eine Leichtigkeit der Geste, die die Arbeit als Spiel erscheinen läßt. Die Zauberkünstler und Jongleure führen die Geschicklichkeit ihrer Hände vor, um das Publikum zu verblüffen. Hier liegt der Unterschied zu Johann Lafers physischer Mühelosigkeit – er will nicht verblüffen, er will verführen. Lafer will die Angst nehmen. Wer zu ihm kommt, um Kochen zu lernen – nicht als Lehrling, sondern als Laie, der die Freude des Genießens ernst nimmt und verstanden hat, daß Kennerschaft den Genuß zerstören, aber auch auf ungeahnte Höhen führen kann –, der erfährt zu seinem Staunen, daß er eigentlich schon kochen kann.

Einst ging durch diese Tür, wer sich im alten „Val d'Or" zu Guldental von Lafers Küchenkunst verführen lassen wollte. Heute durchschreitet das freundliche Portal, wer sich in Lafers Kochschule „Table d'Or" in die Geheimnisse kulinarischer Verführung einweihen lassen will

Table d'Or
Herzlich Willkommen
zum Kochkurs
Table d'Or
REZEPT
Weiße Tomatenschaumsuppe mit gebackenen Mozzarellawürfeln
Rezept für 4 Personen
Zubereitung:

Table d'Or

Fröhlich und emsig geht es zu rund um den großen Herd in Johann Lafers kochendem Klassenzimmer. Der Koch macht Mut, der Eleve ist stolz: Die Sauce ist beim Abschmecken schon fast perfekt. Die festlich gedeckte Tafel im „Table d'Or" ist bereit für das große Abschluß-Menü

Lafer empfängt die Damen und Herren, die bei ihm in den Kochtopf schauen wollen, nicht als Hohepriester, der im Besitz von letzten Geheimnissen ist, sondern als Freund, der einen Zugang in das Land kultivierten Essens öffnen will.

Wenn eine große Kunst verloren scheint, dann kann man den Laien durch das Vorweisen des großen Gebäudes der Akademie erschrecken: Niemals wird er imstande sein, sich alle erforderlichen Kenntnisse anzueignen, mit Schmerz und dem Gefühl der Vergeblichkeit winkt er der Kunst einen Abschiedsgruß zu. Ein Lehrer, der dieser Kunst wirkliche neue Freunde verschaffen möchte, wird lieber versuchen, sie dem Betrachter so nah wie möglich heranzuholen. Es gibt Basisregeln, die auch einem Laien unmittelbar zugänglich sind. Dann geht man einen kleinen Schritt weiter. Dann vertieft man sich in das Erfüllen einer schon ein wenig komplizierteren Aufgabe. Mit heißen Wangen stehen die Schüler und Schülerinnen an den Töpfen. Es brodelt sanft – bei Lafer gibt es selten Dramatik, er ist kein Zirkuskoch, der mit den Löffeln wirbelt und das Huhn im Flug tranchiert. Aus dem sanften Brodeln steigt ein feiner, immer intensiver werdender Duft. Die Schülerin rührt gebannt, denn es darf nichts anbrennen, und es sieht doch so aus, als werde der Topf allmählich zu heiß. „Sie müssen Geduld haben", sagt Lafer, der der besorgten Dame über die Schulter schaut. „Im übrigen ist das bereits Große Küche, was Sie da machen." Das ist nicht als Lob gemeint. Es ist die gelassene Feststellung eines Könners.

Ob sie das kann?
Der ebenso kundigen wie immer noch gelehrigen Schülerin, die vielleicht seit Jahren am heimischen Herd kocht, zeigt Johann Lafer mit sanftem, geduldigem Nachdruck, wie der Fisch noch eleganter und schonender in Filets zu trennen ist. Schön, wenn sie's schafft!

Kochen hat mit Verwandlung zu tun. Es gibt einen Bereich großer Kochkunst, der sich mit der Alchimie berührt. Diese mittelalterliche Wissenschaft beschäftigte sich mit der Suche nach dem Stein der Weisen; mit dieser geheimnisvollen, niemals von irgendjemandem erblickten Substanz wollte man Gold machen. Gold war die Sonne im alchimistischen Kosmos, aber auf der Suche nach dem Gold betrachtete man zum ersten Mal die Mineralien und Metalle, die Pflanzen und Tiere so genau, wie sie noch nie zuvor betrachtet worden waren. Man drang immer tiefer ein in die Vorgänge des Veredelns, des Destillierens. Man gewann von den Säften und Lösungen Essenzen, nach fünffachem Destillieren sogar die Quintessenz. Und schließlich besaß man mehr, als Gold hätte bezahlen können: ein unabsehbares, neues Wissen über die Materien der Natur. Diesen forschend-gelassenen, aber eindringlichen Blick des Alchimisten, der über einer Substanz meditiert, kann man auch bei Johann Lafer entdecken, wenn aus dem Vorratsraum die Fische und die Kalbslenden gebracht werden. Wenn das rohe Fleisch und die frischen Fische vor seinen Augen liegen, wird er ein anderer. So sieht ein Maler das schöne nackte Mädchen an, das sich im Atelier vor ihm ausstreckt und vielleicht ein wenig kokett zu ihm hinüber blinzelt: Aber er blinzelt nicht zurück, und fast zweifelt es, ob er dies Blinzeln überhaupt bemerkt hat, denn der Meister ist so ernst und geistesabwesend, daß es beinahe ein wenig unheimlich wird. „Du bist jetzt kein schönes Mädchen mehr, du bist jetzt mein Modell", sagen seine rücksichtslosen Augen, in denen dennoch nichts Gewaltsames ist.

Eine solche Einsamkeit wird spürbar, wenn Johann Lafer das Rohmaterial betrachtet, aus dem er etwas machen wird, besser: dem er erst wahrhaft zu sich selbst zu verhelfen gedenkt. Der Alchimisten-Blick, der Maler-Blick, beide ruhen auf den drei Zandern, die so vollkommen nebeneinander liegen, als seien sie die drei einzigen Zander der Welt. Zu Lafer dürfen nur die allerschönsten Fische schwimmen. Natürlich entsprechen sie den fünf Merkmalen für frischen Fisch: Ihre Augen sind klar – nein, sie sind unergründlich wie ein blutbefleckter Achat; die Kiemen sind rot – nein, wie ein Gekräusel rosiger Rosenblätter; der Fisch hat keinen Geruch – nein, er duftet nach einem reinlichen Teich am Waldrand, nach Seerosen und feuchter Erde; der Körper zeigt keine Druckstellen – nein, er ist glatt wie eine geschmiedete Silberrüstung; die Bauchklappen sind fest – nein, sie sind geschmeidig wie ein feingestricktes Kettenhemd. Das Grau dieser Zander ist

Ob er das schafft? Dem offenbar durchaus versierten Amateur am Herd gilt dennoch Johann Lafers skeptisch prüfender Blick – den Fisch perfekt über der Gräte zu teilen braucht schon Übung, gelingt nicht immer auf Anhieb wie gewünscht. Toll, wenn er's kann!

warm, leicht ockrig untermischt. Hat Chardin jemals Zander gemalt? Das Zander-Hellgrau entstammt seiner Palette. Neben den Fischen liegt wie ein großer rosafarbener Block das Kalbfleisch. Das Tier, das dieses Fleisch hervorgebracht hat, ist vergessen, das reinlich dressierte und parierte Fleisch ist wie eine abstrakte Substanz, es liegt da wie ein schimmernder Rosenquarz. Adern, Sehnen, Flechsen, Nerven sind unsichtbar. Neben dem Grau der Fische ist dies ein reiner Farbwert, man begreift, daß die pure Malerei von der Stillebenkunst ausgehen mußte.

Bei der Zurichtung von Fisch und Fleisch können die Kochschüler nicht helfen. Hier sind Handgriffe erforderlich, die nicht an einem beschwingten Vormittag mit dem Champagnerglas in der Hand zu erlernen sind. Es mußten die perfektesten Maschinen, es mußten die virtuellen Arbeitsvorgänge der Bildschirme erfunden werden, um den Zauber wieder sichtbar zu machen, der von der geschickten, geistvollen Arbeit schöner, kräftiger Hände ausgeht. Lafers Hände greifen sich eine Kalbslende, als packten sie eine junge Katze am Nacken. Er streicht über das Fleisch, als wolle er wie bei einem Stück Samt alle Fäden in eine Richtung kämmen. Das Fleisch liegt vor ihm wie ein Körper auf einer Massagebank. Seine Finger lockern es, sie falten die Lappen auseinander. Das Filet offenbart seine Struktur, es ist schön, aber noch nicht ganz ebenmäßig. Die damaszierte Klinge senkt sich in das Fleisch und trennt den Filetkopf ab, der Schnitt ist so sicher und so sanft, als falle das Fleisch nur auf leichten Druck und die Berührung der richtigen Stelle auseinander.

Dies Messer vermittelt den Kochschülern, die auf Johann Lafers Hände blicken, eine grundsätzliche Einsicht. Wie jedes Handwerk und jede Kunst braucht auch das Kochen das geeignete Handwerkszeug. Fortschritte in der Kochkunst bestanden immer auch in der Entwicklung neuer und besserer Gerätschaften. Manches Geheimnis der Kochkunst ist mit der Kenntnis des richtigen Instruments gelöst. Das Messer mit der damaszierten Klinge ist formal so gelungen, daß man es auf einem Samtkissen unter einem Museumsglassturz ausstellen könnte. Sein schwerer glatter Stahlgriff scheint von der Hand Lafers selbst geformt. Die weich gerundete Klinge ist scharf wie ein Samurai-Dolch, eine Hieb- und Stichwaffe ist das Messer, ein Begleiter bei der Arbeit an Fisch und Fleisch, aber auch beim Kräuterhacken. Johann Lafer verschmäht dafür den Wiegehalbmond der italienischen Hausfrau. Mit den Fingerspitzen der linken Hand drückt er die Messerspitze auf das Schneidebrett und läßt die Klinge auf und ab wiegen, bis Thymian und Rosmarin zu feinstem, kräftig nach Süden duftendem grünen Staub geworden sind.

Wer Lafer bei einer solchen Tätigkeit zusieht, fühlt sich seiner Kunst ganz nah. Ein Pianist übt seine Läufe, ein Zeichner schraffiert, ein Schneider näht mit der Hand mit kleinen Stichen einen Anzugärmel an, ein Schreiner poliert mit dem Daumen eine Mahagoni-Tischplatte. Das sind versunkene Augenblicke, wer dabei Zeuge sein darf, erfährt mehr als in der beredtesten Unterrichtsstunde. Wenn Lafer sich auf seine Kräuter und seine Waffe, sein einzigartiges Messer konzentriert, versiegt sein Redefluß. Diese Arbeit ist keine bloße Demonstration mehr. Hier kehrt das Kommunikationsgenie Lafer, der sich nach allen Seiten austeilende Medienstar, bei sich ein und schweigt. Das Zerteilen der Fische ist ein geradezu schmerzlicher Augenblick, denn hier geht es zunächst darum, die Schönheit ihrer Körper zu zerstören. Das wiegende Messer trennt den ausdrucksvollen Kopf vom Rumpf, das ist eine wirkliche Enthauptung, die Gräten knirschen leise unter der unwiderstehlichen Klinge. Aber das war der letzte gewalttätige Schnitt. Nun blättert sich der Fischkörper auf, als sei er ein Buch, dessen Seiten aufgeschlagen werden. Die festangewachsene Schuppenhaut rollt sich unter der Messerklinge wie von selbst zur Seite. Die Gräte hebt sich von selbst aus dem Körper heraus. Die Fischfilets liegen weiß glänzend und feinporig wie Speckstein oder helle Jade auf der Arbeitsplatte.

Das Tranchieren war ein Akt der Huldigung an die Zanderanatomie. Es war, als habe Lafer in dem Fischleib gesteckt, während er ihn zerschnitt. Er richtet sich auf, die Versunkenheit fällt von ihm ab. Da liegt sein Messer, jeder, der sich traut, darf es führen. „Wer traut sich?“ Ein herrlicher Zander ist zum Üben zu schade. Der Kochschüler, der sich schließlich meldet, ist beklommen. Sind die Flossen eben nicht wie welke Blätter dahingesunken? Jetzt knirschen sie zäh und ledrig. Der Fisch wehrt sich, als fühle er, daß es nicht die Meisterhand ist, die ihn traktiert.

Zu der Inszenierung eines solchen Tages mit Johann Lafer gehören Entspannungsmomente zwischen den Hochspannungsphasen. Wie bereitet man den Magen auf eine große Speisenfolge vor? Am besten durch ein gutes Essen. Während das Parfait gerührt wird, während Gemüse geputzt, Saucenfond gekocht, Kräuter gehackt und Knoblauch geröstet wird, entsteht als Avantgarde des spektakulären Menüs wie nebenbei ein Gericht, das weit mehr als ein Amuse gueule ist, eine eigenständige Stärkung des vielköpfigen Küchenpersonals, von vollkommen anderem Charakter als alles, was danach folgen wird. Wer diesen scharfen, lauwarmen chinesischen Salat mit dem glänzend glasierten Stück Rinderlende gegessen hat, der hat seinem Hunger das Beißende genommen, ohne die Kapazitäten für das eigentliche Mahl zu verringern. Während des Essens bespricht man die Erlebnisse bis zu diesem Punkt. Die Männer haben das Gemüse so ernsthaft wie Oberammergauer Herrgottsschnitzer bearbeitet. Die Leiterin eines Großrestaurants erglüht vor Freude, als Lafer ihren gleichmäßig geschnittenen Rhabarber rühmt. Der Kaufmann läßt sich trösten, weil er eine Kalbslende malträtiert hat; das schmerzt ihn jetzt, als habe er sich ins eigene Fleisch geschnitten. In die Gläser hat der Zauberer Lafer einen rosa Trunk gefüllt, den er wie zerstreut aus vielen Flaschen zusammengemischt hat, Cointreau, Rote Grütze, Limette, Kirsch, Pfirsichlikör, Zitronenwodka und Champagner sind dahineingeflossen. Sein Auge schweift über seine Gäste- und Schülerschar. Sind diese Damen und Herren nicht irgendwie auch Rohstoffe wie Zander und Kalbslenden, die man begießen, würzen, dünsten, befeuern und anwärmen muß, um sie zur richtigen Entfaltung ihrer sinnlichen Gaben gelangen zu lassen?

Dann regiert er wieder das Tischgespräch. „Wenn ich etwas hasse, dann sind es Arbeitsessen.“ Das ist nicht mit der Nonchalance eines Oscar Wilde gesagt, sondern mit traurigem Ernst. Die große Küche hat etwas mit der Kunst des Musikers und des Schauspielers gemein – sie lebt nur im Augenblick. Es sind manchmal nur Minuten, in denen sich der Zusammenklang der Aromen in der dafür günstigsten Temperatur entfaltet. Aber diese Minuten fließen vorüber, ohne daß die Geschäftsleute, die in ihre Verhandlung verwickelt sind, sie gewürdigt hätten. Da gibt es das Wunder eines Trüffel-Schaums, aber zugleich beherrscht die Frage, welche Partei die Makler-Courtage zu tragen haben, den Augenblick. Gabeln fahren auf dem Teller herum, während erbittert um ein halbes Prozent gestritten wird. Es gibt sogar Gespräche, die den Beteiligten den Appetit verschlagen. Da muß dem Koch zumute sein wie einer Frau, die ihren Freund erwartet, aber als er schließlich kommt, ist er betrunken und schläft sofort ein. Zugleich ist es bittere Wahrheit, daß es gerade erfolgreiche Geschäftsleute sind, die den großen Koch am meisten fordern und seine Arbeit möglich machen. Der Zwickmühle dieses Widerspruchs ist nicht zu entkommen.

Da ist es eine doppelte Freude, einmal ein Arbeitsessen zu erleben, das der Kochkunst nichts wegnimmt, sondern sie womöglich noch steigert. Oder ist das große Mahl im „Table d’Or“ zu Guldental, bei dem die Kochschüler mit ihrem Meister von der Küche sprechen, etwa kein Arbeitsessen? Das einzige, was man dagegen sagen könnte, ist, daß das Kochen eigentlich keine Arbeit, sondern ein herrlicher Traum gewesen ist. Und der Traum dauert an. Im Lehrgespräch des Johann Lafer mit seinen Schülern ist es manchmal, als gelinge der Kunst, was sie immer beabsichtigt, nämlich die Lebenswirklichkeit zu besiegen und deren Stelle

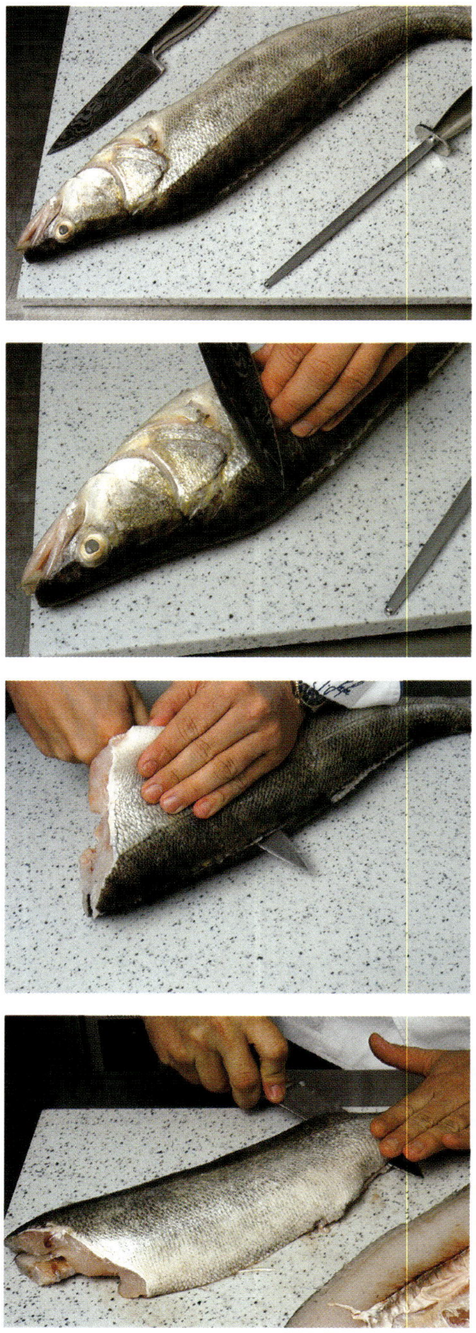

Und so sieht's aus, wenn Johann Lafer das scharfe Messer beim Zander ansetzt: Erst wird der Fischkopf abgetrennt, dann der Zander auf beiden Seiten an der Gräte geteilt – mehr eine Huldigung an die Schönheit des Fischs als eine kochtechnische Prozedur

Und so geht's weiter, wenn Johann Lafer einen Zander filetiert: Die Haut wird abgezogen, die Gräten werden entfernt, schließlich die Portionen zugeschnitten – da liegen die Stücke köstlich wie helle Jade auf der Arbeitsplatte

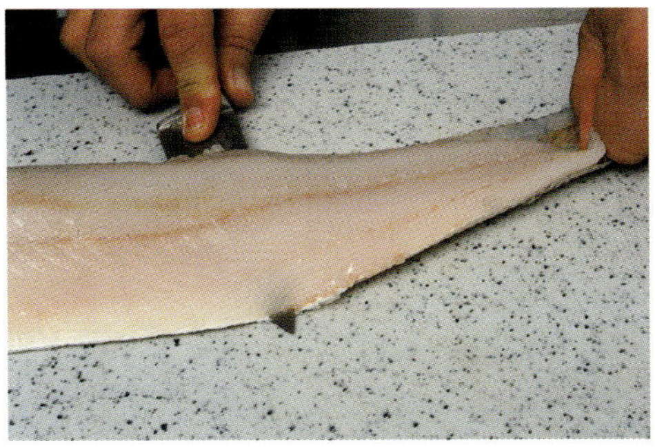

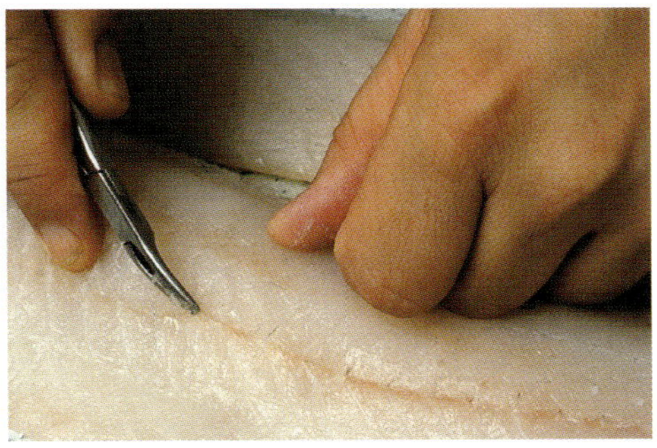

einzunehmen. Gehört es nicht zu den eisernen Gesetzen der Natur, daß der Mensch essen muß, um zu leben? Solange das gilt und im Vordergrund steht, ist die große Kochkunst nur ein Schmuck, eine Dekoration des Lebens, sie zählt nicht zu seinen unumstößlichen Notwendigkeiten. Gegen solch prosaische Zwangsläufigkeiten wird ein Künstler jedoch immer revoltieren. Seine Kunst wird stets beanspruchen, die Zwangsläufigkeiten des Alltags zu sprengen und ein neues strahlendes Gesetz an ihre Stelle zu setzen. Zu essen, nur um zu leben? Für einen Künstler wie Johann Lafer muß die Antwort da „Nein!" heißen. Und er spricht dieses Nein aus, scheu beinahe, als sei ihm die Veränderung, die er an sich durch sein Arbeiten und Forschen und Erfinden erlebt hat, nicht ganz geheuer. Er erinnert sich an die Jahre, wo er vor Schuften nicht zum Essen kam und im Stehen irgend etwas aus dem Eisschrank heruntergeschlungen hat, irgendeine fragwürdige Salami, Junk-food, etwas, das den Heißhunger stillte. „Das kann ich nicht mehr", sagt Johann Lafer, es klingt wie ein fast ratloses Bekenntnis, aber dann faßt er Mut und spricht es aus: „Ich bin nicht mehr bereit, etwas zu essen, nur um mich zu ernähren. Wenn nichts da ist, was meinem Anspruch standhält – es kann etwas sehr Einfaches sein: Brot und Butter –, dann esse ich eben nichts." Hier sehen die Schüler, was sie vom Lehrer trennt – nicht nur Kenntnisse, Erfahrung und Genie, sondern diese „vita nova", die dem Künstler hinzugegeben wird, wenn er alles geleistet hat. Dann ißt man eben nicht mehr, um zu leben, sondern um in ein Reich einzutreten, in dem alle Sinne aufgeschlossen werden, einen höheren Zustand, auf den nicht mehr verzichten kann, wer ihn kennengelernt hat.

So endet die Tafelrunde der hungrigen Küchengesellschaft beinahe ernst, und das ist gut so, denn dieser frühe Nachmittag bildet die dramatische Phase eines Tages mit Johann Lafer. Das Putzen und Schälen am Vormittag hatte die heitere Zeitlosigkeit, die in der Abwesenheit eines Termindrucks entsteht. Was jetzt geschieht, läßt ein klein wenig ahnen, wie es in einer Restaurantküche aussieht, wo der Ernst des Lebens herrscht. Überall dampft und zischt es, es brutzelt aus Kasserollen, es prasselt das geschmolzene Butterschmalz und das heiße Öl. Wein wird verkocht und füllt die Luft mit warmen Alkoholwolken, die benebeln können. Alle Nahrungsmittel geben nun in zerhacktem, gewärmtem, vorbereitetem Zustand ihr Köstlichstes preis – ihren Duft. „Küchengerüche" gelten als etwas Widerwärtiges; wenn von einem Hotel gesagt wird, man rieche die Küche, ist das wohl nie als Empfehlung gemeint. Küchengerüche können aber auch das Appetitlichste und Verführerischste sein. In Lafers „Table d'Or" ist die Küchenluft in der spannenden Phase des Fertigmachens und Anrichtens so reich und üppig gesättigt, daß der Kochnovize am liebsten den Löffel sinken lassen würde, um sich nur noch einer Meditation des Schnupperns hinzugeben.

Das ist jetzt aber keinesfalls mehr möglich. Alles steht nun unter dem Gebot des Fertigmachens. Achtzehn Teller, jeder davon mit einer Blume aus Erdbeerscheibchen versehen, sind auf dem Herd zusammengeschoben, wie die Schuppen eines riesigen japanischen Fisches, um die frisch gebratene, unter der Kruste in eine sahnige Crème zerfließende Gänseleber aufzunehmen. Backöfen entlassen einen Schwall heißer Luft. Die Eleven geraten in Schweiß, aber ihr Stolz ist geweckt, und keiner will vor dem Meister als untauglich erscheinen. War nicht eben alles noch ein Spiel? Wie alle Kochkünstler, die tief in einer erlebten Tradition ruhen, kann Johann Lafer sich leisten, kein Dogmatiker zu sein. Im Umgang mit der Technik schwört er auf das Altbewährte, verwendet aber ebenso selbstverständlich das Allerneueste, wenn es sich nicht um ein törichtes Spielzeug, sondern eine wirkliche Verbesserung handelt. Sein bevorzugter Schneebesen mag hier für vieles stehen. Wenn man dies Instrument sieht, gleicht es mit den Metallkugeln an den elastischen Stäben einem überdimensionierten Sektquirl, etwas unbestimmt Modisches verbindet man damit, und doch ist dieser Schneebesen viel praktischer als der allgemein übliche mit seiner rundgebogenen Form, die niemals in die Ecken eines Topfes dringen kann. Von bestrickender Einfachheit ist eine Kanne, mit der sich mühelos das Fett von einem Fond trennen läßt: Man gießt den fettfreien Saft unter der darüber schwimmenden Fettschicht ab und behält schließlich nur noch das Fett in der Kanne zurück, ein Vorgang, der alles niemals vollständig gelingende Fettabschöpfen überflüssig macht.

Ein Innovationsstrom ist von Johann Lafers Küche ausgegangen. Viele Hersteller von Küchengeräten setzen um, was ihm zur Lösung eines Problems in den Kopf kommt. Seine Kochschüler schöpfen aus dem Brunnen der Tradition, erlernen aber gleichzeitig den Umgang mit der allerneusten Küchentechnik. Mariniert haben schon die alten Römer, aber sie haben keine Vakuumbeutel dafür eingesetzt, die einen ökonomischen Umgang mit der Marinade möglich machen, sie an das Fleisch pressen und nichts entweichen lassen. „Sie sind Maschinenbauingenieur", spricht Lafer einen Schüler an, „wenn Sie Ihren Beruf mit dem Kochen vergleichen – gibt es da für Sie eine Verbindung?" „Vielleicht in meiner Genauigkeit", antwortet der Ingenieur. „Ich koche streng nach Vorschrift, ich versuche immer das Rezept genau einzuhalten." Lafer entmutigt seinen Schüler nicht, denn er weiß, daß das Kochen auch mit dem Temperament des einzelnen zu tun hat, aber er verschweigt nicht, daß er anders arbeitet.

Auch hier tut sich eine Kluft zwischen Lehrer und Schülern auf, von denen manche gewiß gern eine letzte Sicherheit nach Hause tragen würden. Aber diese letzte Sicherheit gibt es nicht für einen Kochkünstler wie Johann Lafer. „Ein Rezept kann niemals mehr als eine Richtschnur sein", sagt er, während sich die Schar Notizen macht. „Jede Karotte ist anders gewachsen, jeder Zander fällt anders aus. Töpfe transportieren Wärme unterschiedlich, ein Huhn hat sich in der Mast anders entwickelt als seine Artgenossen. Garzeiten können ziemlich stark differieren." In der Küche gelten Erfahrungen und Gespür, keine Normen und Formeln. Im letzten gilt es, die Eigenschaften des Materials, das vor einem liegt, genau zu erkennen. Und dann muß man bereit sein zur Improvisation, bereit, aus dem Eindruck eine mutige und schnelle Entscheidung zu treffen. „Ganz wichtig ist, das man tut, wozu man gerade Lust hat, denn ohne die Lust an der Sache kann man niemals gut sein." In den Vorbereitungen für diesen Tag war vorgesehen, daß eine Rinderlende geschnetzelt würde. „Sehen Sie die einzigartige Qualität, die feine Marmorierung dieses Fleisches. Das ist so schön wie ein japanisches Kobe-Rind, das jeden Tag mit Bier massiert wird! So ein Fleisch ist zu schade zum Schnetzeln, das muß ganz bleiben." Ein Bildhauer könnte von einem schönen Marmorblock nicht liebevoller sprechen.

Wenn der Unterricht zu Ende ist, gehen die Schüler noch lange nicht nach Hause: Gemeinsam genießen sie nun gutgelaunt das Menü, dessen Gänge sie selbst zubereitet haben. Sensationell! schwärmen sie – ob aber Johann Lafer hinter den Küchenkulissen nicht doch noch ein wenig dazugezaubert hat? Ganz zum Schluß jedenfalls gibt es süße Belohnungen für jeden: Lafers Pralinen, von denen zuerst der große Pâtissier selber naschen muß

Wenn Johann Lafer Backhendl ißt, wie sie die Mutter ihm einst bereitet hat, steigen ihm die Bilder seiner Kindheit wieder auf. Das karge, pflichtbetonte und doch auch so schöne Kinderleben auf dem weltfernen Kleinbauernhof im steirischen Sankt Stefan im Rosental prägt sein Denken und sein Tun bis heute. Kochen ist für ihn auch ein Akt der Erinnerung

Der köstliche Geschmack der Kindheit

Von Bluttommerln, Backhendln und Wiener Würstchen mit Gulasch-Sauce: Johann Lafer daheim in Sankt Stefan

Einem Menschen fühlt Johann Lafer sich besonders nah: seiner Mutter Irmgard. Gern besucht der Sohn die Mutter daheim in Sankt Stefan; dann gehen sie die alten Wege, sitzen wie einst auf der Bank vor der Hütte und erzählen sich Geschichten aus Kindertagen. Ehrgeiz, Pflichtbewußtsein und den Ernst bei der Arbeit verdankt er ihr – aber ebenso die kreative Lust am Kochen, den inspirierten Spaß am Herd

Johann Lafer wurde am 27. September 1957 in Graz geboren. Ein Jahr zuvor war die russische Besatzung aus der Steiermark abgezogen. Überall, wo der sowjetische Kommunismus herrschte, zeigte er sich als eine sehr konservative, jedenfalls konservierende Macht. Wie in einem Weckglas war die Steiermark unter den Russen abgeschlossen. Rückständigkeit ist ein negatives Wort. Die Steiermark war rückständig, das Wirtschaftswunder, wie es damals Westdeutschland erlebte, lief hier mit bedeutender Verspätung an. Wer Johann Lafer hört, der versteht, daß Rückständigkeit etwas überaus Kostbares sein kann. In den Sechziger Jahren ist er aufgewachsen, aber er hat Erfahrungen machen dürfen, die ihn weit weg in die Vorkriegszeit führten. Lafer spielt heute souverän auf dem großen Klavier der Kommunikation, sein Name ist zu einer Marke geworden, die sich in viele Richtungen verzweigt, aber er hat noch Verhältnisse kennengelernt, in denen die Bauern genau soviel hervorbrachten, wie sie für ihre Ernährung brauchten. Diese Erfahrung, die man in keinem Land des westlichen Europa mehr erwerben kann, ist sein größter Schatz. Auch vor dem Krieg gab es einen historischen Wandel, aber es scheint manchmal, als sei dieser Wandel nur in den Städten zu spüren gewesen. Für die kleinen Bauern mit ihrer Subsistenzwirtschaft schien, vom Wechsel der Jahreszeiten abgesehen, die Welt immer gleich zu bleiben. Diese bäuerliche Zeitlosigkeit reichte, wie Lafer erzählt, in ihren letzten Ausläufern bis in seine Jugend. War das Rosental das Paradies?

Johann Lafer verklärt nichts, sein Blick zurück ist nüchtern. Das Leben seiner Familie war von harter Arbeit erfüllt. Das Dörfchen Sankt Stefan im Rosental war abgelegen, die Lafers wohnten noch ein wenig außerhalb in einer ganz auf sich gestellten engen, kleinen Familienwelt. Auf einem kleinen Bauernhof, der aus der Familie der Mutter stammte, hausten hier die Generationen zusammen. Es gab ein altes und ein neugebautes Haus. Im alten wohnte der Großvater, dessen Ehe nicht glücklich war, allein, seine Frau war in das neue Haus gezogen. Johann Lafer hat zwei Schwestern, Christine und Irmgard. Unter der Woche mußte der Vater Lafer seine Familie verlassen, um im Magnesitwerk von Bruck an der Mur zu arbeiten. Hier läuft ein Sprung durch die idyllische Welt von Sankt Stefan. Ohne solche zusätzliche Arbeit wäre der Bau des neuen Hauses eben nicht möglich gewesen. Der Preis ist hoch: Johann Lafer wächst auf, ohne den Vater öfter als an den Wochenenden zu sehen. Dann ist der Vater müde. Es wartet aber auf ihn, was die Mutter unter der Woche körperlich nicht leisten konnte, das Heumachen etwa. Alles, was auf dem Hof in die Brüche geht, wird selbst repariert. Sparsamkeit, Fleiß, Bescheidenheit bestimmen den Alltag. Der Sonntag wird als großes Fest empfunden. Am Sonntagnachmittag, in den Stunden zwischen dem Mittagessen und dem Aufbruch nach Bruck an der Mur, ist der Vater endlich entspannt. Er hat alles in Ordnung gebracht, er hat ein festliches Essen im Kreis der Familie erlebt. Was an Spannung und Verstimmung da war, hat sich gelöst. Johann Lafer beschreibt diese Stunden, die „schönsten Stunden" seiner Jugend, überaus behutsam.

Die Generation, der Johann Lafer entstammt, hat das Abrechnen mit den Eltern zu einer Dauerbeschäftigung entwickelt. Bei ihm gibt es nichts davon. Es ist, als ob das bäuerliche Leben, das schon die kleinen Kinder täglich in die Pflicht körperlicher Arbeit mit hinein nimmt, ein früheres Erwachsenwerden, eine größere Sachlichkeit hervorbringe. Daß der Vater ihm gefehlt hat, daß es aufgrund der beständigen Abwesenheit des Vaters auch nicht zu einem Vertrauensverhältnis zu ihm kam, das mit dem zur Mutter vergleichbar ist, wirft er ihm nicht vor. „Was führt zwei Menschen zusammen?" fragt er, als er über die Ehe seiner Eltern nachdenkt. Ihr Leben bestand darin, für die Kinder zu sorgen und Haus und Hof auszubauen und zu verbessern. „Wir waren streng konservativ", sagt er, und „wir waren streng katholisch." Was kann das für die Führung einer Ehe und das Familienleben bedeuten? Viel-

Ein Koch muß Tiere lieben, sonst kann er sie nicht zubereiten: Wenn Johann Lafer mit seiner Mutter das Federvieh im Hühnerhof ihres kleinbäuerlichen Anwesens im steirischen Sankt Stefan füttert, ist ihm die Freude am lebhaften Gegacker des Geflügels anzusehen. Schön, daß Hahn und Hennen so vital und gesund sind – und so wohlgenährt

leicht vor allem eines: Das Verhältnis zum persönlichen Glück, zur „Selbstverwirklichung“, wie das heute heißt, ist ein anderes als in unserer Gegenwart. Das Glück spielt in den Entscheidungen solcher Menschen nur eine untergeordnete Rolle; ganz gewiß wird es als verwerflich angesehen, für das Glück die Pflicht zu vernachlässigen. Durch dieses Aufwachsen ist Johann Lafer zutiefst geprägt. Er bejaht seine Herkunft mit allen Licht- und Schattenseiten. Eine „Herkunftstragödie“, von der sein Landsmann Thomas Bernhard sprach, gibt es bei ihm nicht. Melancholisches Staunen weckt in ihm nur, wenn er bedenkt, wie eng er dem Lebensmuster seiner Eltern auch in den Punkten, die ihm in der Kindheit schwer gefallen sind, folgt. Wie sein Vater ist er von außen in eine geschlossene Welt gekommen und hat eine dort verwurzelte Frau geheiratet. Wie seinen Vater hält ihn die Arbeit von Frau und Kind fern. Was zählt die große Lebensleistung und die mit ihr verbundene radikale Veränderung aller Umstände vor diesem Gesetz der Wiederholung, das über den Wandel triumphiert?

Bilder wie aus ganz fernen Tagen, Bilder aus Sankt Stefan, dem steirischen Dorf im Rosental: Hansi, der zwölfjährige Kleinbauernbub, und seine Mutter Irmgard als junge Landfrau – wie unberührt von den Umwälzungen der Zeit erscheinen die Bilder ländlicher Idylle, während doch in Paris, Berlin und Frankfurt die Studentenrevolte tobt

Der kleine Lafer besuchte seinen Großvater oft im alten Haus. Dort herrschte eine Junggesellenwirtschaft. Das alte Haus enthielt die sonderbarsten und staunenerregendsten Sachen, das Sammelsurium eines kauzigen Einzelgängers und Bastlers. In der Nähe war ein Flugzeug abgestürzt, und die Bauern waren herbeigelaufen und hatten sich Trümmerstücke mit nach Hause genommen. Nun zeigte der alte Mann dem Enkel solche Aluminiumteile und erzählte von dem unvergeßlichen Ereignis. Es gibt glückliche Konstellationen im Verhältnis zwischen Großvater und Enkel. Ein Vater wird der Großvater nicht, aber ein Freund, der sich verjüngt und den Umgang mit seinem Nachkommen dankbar genießt. Wenn der Hansi bei seinem Großvater eintrat, verließ er die akkurate und blitzsaubere Welt seiner Mutter und befand sich in einer abenteuerlichen Arche. Hinter dem Haus hatte der Großvater seinen Kräutergarten. Wenn die tiefsinnigen Unterhaltungen die beiden hungrig gemacht hatten, machte der Großvater Rühreier. Er verschwand dann im Garten und kam mit einem Kraut zurück, das diesen Rühreiern einen einzigartigen, unverwechselbaren Geschmack verlieh. „Ich habe diesen Geschmack auf der Zunge, ich kann ihn aus meiner Erinnerung noch präzis abrufen – aber es ist mir niemals gelungen, diesen Geschmack zu rekonstruieren, ich weiß nicht, welches Kraut er da bei sich gezüchtet hat.“ Die Verwandtschaft dieser Episode zu den Märchen, die von solch köstlichen, aber unauffindbaren Kräutern handeln, liegt auf der Hand. Das ändert jedoch nichts daran, daß die Geschichte sich genau so zugetragen hat. Über Lafers Jugend liegt diese märchenhafte Abgeschiedenheit; die Vorstellung, ein Mann könnte Koch werden und einer der größten Köche seiner Zeit sein, weil er einem Kraut nachjagt, das er nur im Rührei seines Großvaters und später nie mehr geschmeckt hat, bekommt etwas Wahrscheinliches. Und daß dies Kraut auch in dem großen, aufwendigen Kräutergarten, der die Küche auf Johann Lafers Stromburg versorgt, nicht zu finden ist, gehorcht gleichfalls den Regeln der Märchen.

Dankbarkeit ist die wesentliche Regung, mit der Lafer über seine Jugend spricht. Nicht nur der Großvater besaß eine „Schatztruhe“, die er dem Enkel öffnete, das ganze Leben war für ihn mit starken sinnlichen Eindrücken übervoll. „Wer als Kind nicht erfahren hat, wie bestimmte Dinge schmecken müssen, der wird es später niemals lernen können.“ Dabei war Sankt Stefan tiefste Provinz. Sehr vieles, was für einen Koch später selbstverständlich ist, war hier nicht einmal dem Namen nach bekannt. Seefische und Meeresgetier kamen nicht ins bäuerliche Binnenland, aber auch der Wein war in Sankt Stefan nicht selbstverständlich, dort trank man Apfelmost, aber der hat Johann Lafer nicht geschmeckt, ein Bier war ihm lieber. Dafür hat er

Weltentlegen, tief im Herzen der dörflich-steirischen Provinz: Man ist bei den Lafers ganz selbstverständlich streng konservativ, ganz selbstverständlich streng katholisch. Ernst und Bedeutung des Augenblicks sind dem Erstkommunionskind Hansi ins Gesicht geschrieben – das Einzelgängerische seines Wesens schon jetzt nicht minder

Delikatessen kennengelernt, die heute kostbarer und seltener sind als Kaviar. Wie wuchs ein Schwein auf dem Laferschen Hof auf, bevor es geschlachtet wurde? Die Kartoffeln, die Rüben und das geschrotete Getreide, die es zu fressen bekam, hatten die Lafers selber gepflanzt und geerntet. Mit einer Mühle wurde das Getreide gemahlen. Das Wasser, mit dem Teller und Töpfe nach dem Essen ausgespült wurden, und überhaupt alle Reste und Abfälle bekamen die Schweine. Die Schweine ernährten sich genauso wie die Menschen, sie waren in einen Kreislauf eingegliedert. Dieser Kreislauf war aber den Menschen, die das Schwein dann schließlich aßen, immer präsent. Sie sahen das Bauchfleisch oder das Schnitzel vor sich auf dem Teller, aber sie kannten auch alle Stadien, die dem fertigen, duftenden Gericht vorausgegangen waren.

Dann kam der schreckliche Tag, an dem auf dem Hof geschlachtet wurde. Den Anblick des Tötens, das Schreien der Schweine hat der junge Lafer nie ertragen können. Bis das geschehen war, hielt der Junge sich versteckt. Er ist in solchen Abneigungen stets heftig und unkorrigierbar gewesen, die Mutter nahm darauf Rücksicht. Die Liebe zur Harmonie, von der Lafer gern als seinem hervorstechenden Charakterzug spricht, hat eine andere Seite: die Panik und die Gequältheit, wenn diese Harmonie, wie so oft, nicht herstellbar ist. Aber dann folgte das Schlachtfest. Im großen Kessel wurde die Brenn- oder Metzelsuppe gerührt. Blut- und Leberwürste wurden gestopft. „Bluttommerl", Pfannkuchen mit dem frischen Schweineblut, wurden zubereitet. Alle Geschmacksnerven nahmen eine Intensität eigentümlicher Geschmackssensationen auf, die sich bis heute für Johann Lafer als sein geheimer Maßstab nach einer unendlichen Erfahrung als Koch und Gourmet in allen Teilen der Welt dennoch behauptet haben. Intensivierung des Eigengeschmacks als Ziel der Kochkunst – hier hat er erlebt, wie das erreicht wird.

Die Genüsse auf dem Teller waren nicht einfach „hergestellt", sie waren Belohnung und Ergebnis eines ganzen Lebens, das nichts anderes als die Produktion und Zubereitung der Nahrung zum Gegenstand hatte; denn da gab es nichts sonst von dem, was der moderne Städter – und auch die Landbewohner sind in diesem Sinne heute Städter – für erstrebenswert und lebensnotwendig hält. Frisches Fleisch war eine seltene Freude und wurde mit Aufmerksamkeit und Konzentration verzehrt. Der Rest vom Schlachtfest wurde in einem großen Holztrog, der in einer Kammer neben dem Wohnzimmer stand, selbst in Salzlake eingelegt.

Die Gerüche dieser Vorgänge, die dem eigentlichen Genießen lange vorausgingen, bestimmten die Tage. Wenn eine Speise auf den Tisch kam, hatte man ihre Vorbereitung und Entstehung in allen Phasen verfolgt. Lafer spricht von dem Duft, der das Brotbacken begleitete. Während des Treibens des Brotteigs durfte kein Fenster geöffnet werden, damit der Teig nicht zusammenfiel. Eine Scheibe von solchem Brot mit einem Stück selbstgemachter Butter ist für Lafer in der Erinnerung die größte Köstlichkeit, die er gegessen hat. Er wird sie nie wieder essen, denn auch auf dem Lafer-Hof wird kein Brot mehr gebacken. Liegt in der Beschreibung dieser in der Steiermark später als in Deutschland, dann aber ebenso gründlich untergegangenen Welt nicht eine geheime Resignation? Johann Lafer, dem es wahrlich nicht an Selbstbewußtsein fehlt, offenbart einen überraschenden Aspekt seiner Person, wenn er von seiner Kindheit spricht. Die Leistung seiner Kochkunst wird plötzlich klein. Er schildert sich als einen überreich Beschenkten, der dies Geschenk nur in sehr beschränktem Umfang weiterreichen kann. Viele Künstler träumen sich Höllen oder Paradiese. Lafer ist schon im Paradies gewesen, sein Kochen ist ein Akt der Erinnerung. Es freut ihn, wenn ihm ein Gericht gelingt und wenn er die Begeisterung seiner Gäste spürt, aber er weiß, daß er damit nur ein Mosaiksteinchen serviert, das aus einem riesenhaften, verlorengegangenen Mosaik stammt – Johann Lafer hat es, so jung er ist, noch gesehen.

Früh schon, in der Küche bei seiner Mutter, hat Johann Lafer seine Leidenschaft für das Süße entdeckt. Zu seinen großen Verführungen zählen bis heute die Marmeladen, die seine Mutter aus dem frischen Obst der Heimat kocht. Und was der Hansi einst heimlich tat, das tut der Johann heute ganz offen: mit dem Finger nascht er den Aufstrich aus dem Glas

Heute ist er ein Medienstar, der in virtuellen Küchen Speisen bereitet, die niemand essen wird, aber eben lebte er im Rosental noch in einer Umgebung, in der die religiösen Feste und die Jahreszeiten mit den zu ihnen gehörenden Arbeiten alles regierten. In der Nähe des Hofes stand eine Marienkapelle, die im Mai von den Familien der Nachbarschaft täglich neu geschmückt wurde, der junge Lafer brachte Blumen und Kränze, allabendlich wurde hier eine Stunde lang Rosenkranz gebetet. Johann Lafer wird Ministrant, er lernt, noch vor der Abschaffung des Lateins, die alten Gebete auswendig, das „Introibo ad altare Dei" und das „Confiteor". Zur Sonntagsmesse geht man ins Dorf. Das Religiöse und das Soziale sind in Sankt Stefan noch eng verzahnt. Ein solcher Sonntagvormittag ist eine Volksversammlung. Alles trifft sich festlich gekleidet. Blasmusik spielt auf. Das Wirtshaus gegenüber der Kirche ist überfüllt. Der Vater führt seine Familie nach der Messe in das von Rauch und Stimmen erfüllte Gedränge in dem niedrigen Saal. Hier wird sonntägliche Brotzeit gehalten, eine kleine Mahlzeit, die dem großen Familienessen zu Hause vorangeht – Johann Lafer wird so etwas schon wenige Jahre später „Amuse gueule" nennen, jetzt sind es noch „Wiener Würstchen mit Gulasch-Sauce". Ganz ernst spricht er davon. „Wiener Würstchen mit Gulasch-Sauce" sind für ihn viel mehr als ein wohlschmeckender Imbiß, sie sind ein rituelles Mahl, in dem sich der Glanz des Hochamts, die festtägliche Aufregung, die Erwartung des Mittagsmahles, die Festkleider, die brausende Menschenmenge nach einer Woche in der Stille des abgelegenen Hofes zu einem sinnlichen Ausdruck versammeln.

Johann Lafer hat aus solchen Erlebnissen gelernt, daß das Essen auf dem Teller nie einfach bloß aus der Summe seiner Bestandteile besteht, es kann Symbol werden, es kann Lebensgeschichte bedeuten, eine Welt kann darin enthalten sein. Das sind Gewürze, die kein Koch auf Flaschen ziehen kann, hier kocht die Biographie eines Menschen und die Geschichte einer Zeit mit und verleiht den Suppen und Braten den unverwechselbaren Reiz. Deshalb begeisterte er sich als kleiner Junge schon für die Arbeit der Hausfrau. In diesen täglichen Arbeiten, die niemals an ihr Ende kommen, sah er offenbar so etwas wie eine Essenz des Lebensstoffes. Mit Liebe etwas zum Leben der Familie Gehöriges so gut zu machen, daß es dafür ein großes Lob gab, gehörte zu seinen besonderen Freuden. Am Samstagabend putzte der Kleine die Schuhe der ganzen Familie in einem Vorraum. Er genoß die sinnliche Freude, das erdige stumpfe Leder wieder zum Hochglanz zu wienern, „wie neu" sollten die Schuhe aussehen, in Wahrheit viel schöner als neu; das im Tragen mürbe gewordene Leder trank die Schuhwichse und bekam einen tiefen Schimmer, der den oberflächlich metallischen Glanz der neuen Schuhe an Schönheit übertraf. Aber gelobt mußte werden, das klingt deutlich aus den Erzählungen heraus, es ist ein Zug, der sich bei Lafer erhalten hat. Er leidet, wenn die Qualität seiner Arbeit nicht bemerkt wird. Es spricht da ein ausgeprägtes Gerechtigkeitsbedürfnis – eine Arbeit, bei der man sein Bestes gegeben hat, muß anerkannt werden. Muß? Ach nein, leider durchaus nicht. Darüber kann ihn eine Bitterkeit anwandeln, mitten in seinen Erfolgen bei der kleinen Schar der Genießer und der großen Schar seiner Bewunderer.

Da war der Ernst, mit dem die Mutter kochte. Es kam immer darauf an, das Gelingen war wichtig. Da gab es kein lässiges Schulterzucken. Wenn die Mutter Faschingskrapfen in Fett ausbuk und der gelbe Rand rings um das Gebäck nicht entstand, war sie verzweifelt. Plätzchen und kleines süßes Gebäck mußten in vorzüglicher Qualität immer vorrätig sein, damit Überraschungsbesuch bei der Tasse Kaffee die Kunst der „guten Hausfrau" bewundern konnte. Solche Keksdosen waren das Abzeichen eines gut geführten Haushalts. Der kleine Hansi war für diesen Eifer hochempfänglich. In der Abwesenheit des Vaters zeigte sich ihm der Ernst des Lebens in der Arbeit der Mutter. Er war eines jener Kinder, deren Spiele schon Arbeit sind. Ganz früh half

er in der Küche. Manchmal kam eine Tante, die in der Schweiz lebte. Die Schweiz war eine Art Amerika, eine Insel des Wohlstands. Die Tante war eine großzügige Frau und liebte den Hansi. Ihre Besuche in Sankt Stefan waren stets ein besonderes Fest. Sie führte ihren Neffen in schöne Hotels. Das teuerste Gericht auf der Speisekarte war dort stets der Räucherlachs. Auch Speisekarten schreiben Zeitgeschichte: aus dem Luxusprodukt ist ein Allerweltsfisch geworden. Die Tante war für ihre liebevollen Geschenke bekannt; sie brachte in die bäuerliche Welt des einsamen Hofes schöne, dort unbekannte Sachen „aus der großen weiten Welt“. Wenn der Hansi sich etwas wünschte, bekam er es von der Tante. Und was war der Wunsch des Neunjährigen? Ein Fahrrad, ein Tennisschläger, ein lederner Fußball? Der Hansi wünschte sich einen Schneebesen und eine Schüssel. „Keine Schüssel aus Metall“, rief die Mutter entsetzt, „sonst macht er mir zuviel Krach!“ Die Tante fuhr mit dem Buben nach Kirchbach zum Haushaltswarengeschäft Bierbauer und kaufte ihm den ersehnten Schneebesen und eine Plastikschüssel. Das waren die ersten Kochgeräte eines Mannes, der heute die raffiniertesten Einbauküchen wechselt wie andere das Hemd und dessen Namen viele Küchengeräte tragen, darunter auch der schon erwähnte neuartige Schneebesen. Unter der Anleitung der Mutter machte er sich früh an schwierige Aufgaben. Wer sich schon einmal an eine Biskuitroulade gewagt hat, weiß, daß das kein Pappenstiel ist. Die Biskuitroulade wurde Hansis Spezialität. Er probierte sie solange, bis er sie hinbekam. „Dilettantismus macht mich verrückt.“ Das sagt der Mann, der die Deutschen zu Liebhaber-Köchen machen möchte. Für ihn liegt darin kein Widerspruch. Gerade was Spaß machen soll, muß man besonders gut machen. Ehrfürchtiger als von Trüffelschaum und Langustensalat spricht er heute noch von den Sonntagsessen, bei deren Zubereitung er der Mutter half: „Frittatensuppe, Backhendl, Malakofftorte.“

War der junge Lafer eigentlich ein beliebter Kumpan seiner Altersgenossen? Der Verdacht mag schon aufgekommen sein, daß dem nicht so war. Wie viele, in denen schon früh etwas steckt, war er offenbar ein ungemütlicher Geselle. Die Lage des Hofes begünstigte das Einzelgängertum. An der dörflichen Blasmusik, an Schunkeln und Volksfesten hatte der Hansi keine Freude. Fußball spielte er mit den Buben und war sogar ein begabter Fußballer. Weil die Lafers kein Fernsehen hatten, wurde beim Nachbarn die Weltmeisterschaft geschaut, der Weg dorthin führte durch einen stockdunklen Wald. Ein symbolischer Weg war das: Gemeinschaftserlebnisse, Berührungen mit der lärmenden Welt endeten stets wieder mit einem Rückzug in die Einsamkeit. Johann Lafer legt Wert darauf, daß er nie betrunken war. Er habe niemals einen Stimulus benötigt, um sich anzuregen, seine Phantasie ernährte sich aus sich selbst. Was sei sein Hauptcharakterzug gewesen? Da fällt ihm die Antwort leicht: „Unzufriedenheit, die dauernde Frage, wie kann ich, was ich ausprobiere, noch besser machen.“ Die Klassenkameraden hielten das für Strebertum. Man spürte seine Energie, aber bei einem Heranwachsenden hat diese Kraft noch kein geistiges Äquivalent, und der Mangel an Erfahrung bringt Altklugheit, Ehrgeiz, Absonderung hervor. „Man spürte meine Ausstrahlung, etwas Besonderes, obwohl ich kein Feiertyp, Aufreißer, Wirtshausgänger war.“

Er spricht von seiner Ausstrahlung, als sei sie etwas Objektives wie seine schwarzen Haare. An solchen Bemerkungen wird deutlich, daß Lafer sich geleitet fühlt. Sein Leben hat ihn Schritt für Schritt nach oben geführt. Planbar war das nicht. Es war vorherbestimmt, davon ist er überzeugt. Gekocht hat er immer gern, aber Koch wollte er zunächst nicht werden. Gab es von Anfang an die Vorstellung, von zu Hause wegzugehen? Die Mutter hat solche Gedanken jedenfalls nicht verhindert, obwohl die Verbindung zu ihr so eng war, daß nur Blicke genügten, um sich zu ver-

Die raren Bildzeugnisse seiner Kindheit hütet der heute tausendfach in Fotografie und Film dokumentierte Lafer wie einen Schatz, so das Lichtbild, das ihn als Firmling neben dem Firmpaten, seinem Onkel Franz, zeigt. Wer weiß, was der Fotograf getan hat, um auf die ernsten Züge des kleinen Hansi dieses träumerische Lächeln zu legen

ständigen. Zunächst glaubte er, er habe den Ruf zum Priestertum. Das scheiterte daran, daß die Eltern das Geld zum Studium nicht aufbringen konnten. Wirklich? Die Kirche hat unzählige mittellose Bauernbuben Priester werden lassen. Es genügt zu sagen, daß dieser große Plan beim ersten Hindernis, das sich auftat, nicht mehr verfolgt wurde. Die räumliche Nähe einer Schuhfabrik legte nahe, den jungen Mann, der gern zeichnete, Modelleur von Schuhformen werden zu lassen. Der erste Entwurf, den er ablieferte, sei plump wie ein Bergsteigerstiefel gewesen. Daran soll die Ausbildung zum Modelleur gescheitert sein? Welcher Lehrling lieferte denn aus dem Stand schon brauchbare Entwürfe!

Den Ausschlag habe ein Mann gegeben, der sich in Sankt Stefan niedergelassen hatte, nachdem er lange Schiffskoch gewesen war. Schiffskoch – das war die Verbindung dessen, was er am allerliebsten tat, mit dem Abenteuer; war ein Schiffskoch nicht ein halber Fremdenlegionär? Das Einzelgängertum des Großvaters mit seinen Kräutern, das Kochen für die Familie, der Aufbruch aus Sankt Stefan, der eigentlich nichts anderes war, als dem beständigen Wunsch, vollkommener zu werden, eine Richtung zu geben – das alles ließ sich mit den Assoziationen, die das Wort „Schiffskoch" eingab, verbinden. Es stand bald fest, daß der Hansi weggehen würde, um eine Lehre als Koch anzutreten. Die Großmutter schenkte ihm zum Abschied ein berühmtes französisches Kochbuch, den „Großen Pellaprat". Das war wie beim Auszug des jungen Parzival aus der Burg der Mutter, wo ihm die Waffen seines Vaters überreicht werden. Was fände er vor, wenn er zurückkehrte? Gewiß nicht das Land seiner Jugend, und vor allem nicht die Menschen dieser Zeit. Auch in seinem Dorf ist niemand mehr bereit, für den einzigartigen Genuß eines vollkommenen Schweinebratens so viel Arbeit, Zeit und Geld einzusetzen. Geht es nicht auch schneller, preiswerter, unkomplizierter? Die Arbeit, die sich die Eltern mit dem Garten gemacht haben – lohnt sich das? So wird heute auch in Sankt Stefan gefragt. Karotten pflanzen, sich bücken, düngen, wässern, ernten, saubermachen? Wer nicht den Unterschied solcher zuckersüßer Karotten zu den faden aus dem Großmarkt kennt, wird sich auf den alten Aufwand nicht mehr einlassen. Und doch wird Johann Lafers Ratlosigkeit sichtbar, wenn er nach Gründen sucht, warum seine Landsleute ihre Prinzipien aufgegeben haben. Aber als er neulich die Mutter besucht hat und mir ihr in Graz im „Erzherzog Johann" ein gebackenes Rehkitz gegessen hat, da war es plötzlich wieder da, das Gefühl zu Hause zu sein – und das teilt sich einem Lafer auf der Zunge mit.

Über die Streuobstwiesen von Sankt Stefan trägt den Hansi auf dem Arm die Cousine Josefine. Über die Wiesen wandert Johann Lafer heute noch, mit seiner Mutter zur Marienkapelle, die er als Kind zur Maiandacht mit Blumen schmückte und als vertrauten Ort der kindlichen Gebete liebte

Bitteres und Süßes auf dem Weg zum Ruhm

Wie ein Steirer Bub zu seiner Bestimmung findet: Johann Lafers Lehr- und Wanderjahre

Kartoffelschälen ist das Los des Lehrlings, der Koch werden will. Johann Lafer war da keine Ausnahme. Berge von Erdäpfeln hat er so vorbereitet

Der Auszug aus Sankt Stefan war eine harte Zäsur für Johann Lafer. Bis dahin hatte er auf engem Raum wie auf einer Insel im täglichen Umgang mit den Menschen, die er liebte, seinen eigenen Lebensstil entwickeln können. Das Kochen war hier mehr und weniger als ein Beruf gewesen: eine Lebensform. Lafer hing besonders innig an seiner Herkunft und seiner Heimat und mußte sie nun, das stand unausgesprochen fest, für immer verlassen. Es war das Normal-Schicksal des Zwanzigsten Jahrhunderts, in dem sich freiwillig und unfreiwillig ganze Völkerschaften von ihrer Heimat entfernen mußten, aber es ist ihm deshalb nicht leichter gefallen, obwohl die erste Station noch in der Nähe lag. Ein Auto besaßen die Lafers nicht, ein Nachbar brachte den großen Buben zu seiner ersten Lehrstelle, dem Brauerei-Restaurant „Gösser-Bräu" in Graz. Zum Mittagessen bestellte sich der überaus maßvolle Hansi ein Glas Bier, wie er es von zu Hause gewohnt war; unglücklicherweise kam da gerade die Lehrchefin vorbei, die ganz andere Vögel gewöhnt war, und hielt den Fünfzehnjährigen für einen Jungalkoholiker. Der Ton war gleich ein wenig mißtrauischer. Der Bub, der von zu Hause nur Lob und Anerkennung gewöhnt und eher übergewissenhaft und beflissen war, fühlte sich hier unversehens einem kalten Wind ausgesetzt.

Die Rezeptsammlung der Mehlspeisenköchin Rosa im „Gösser-Bräu" zu Graz war Johann Lafer, dem Lehrbuben, ein Buch mit sieben Siegeln. Zu gern hätte er die verborgenen süßen Geheimnisse gelüftet. Aber das wagte er nicht. Viele Jahre später, er ist längst der berühmte Koch und Pâtissier, erhält er das Büchlein von Rosas Tochter zum Geschenk

Was sich in der Jugend angebahnt hatte, wird nun zu einem Lebensmotiv. Eigensinn, Empfindlichkeit und Ehrgeiz machen ihn in der Truppe der Lehrlinge und jungen Köche zum Prügelknaben. Seine Worte sind nicht anzuzweifeln. Er erinnert sich an die Tränen nachts im Bett, das unbesiegbare Heimweh. Es fällt aber auf, daß ihn das Gefühl, nicht nach Gebühr geschätzt, gelobt und anerkannt zu sein, nie mehr verlassen wird. Eine Gruppe kann ekelhaft zu einem Außenseiter sein, und gerade die angeblich so unschuldigen und unfertigen jungen Leute exzellieren in der Kunst, den Einzelgänger fertig zu machen. In einer großen Küche, in der alles von guter Organisation abhängt, jeder sein Arbeitsgerät in Ordnung halten muß und viele Gerichte eine stundenlange Vorbereitung erfordern, kann Sabotage dem einzelnen Koch das Leben zur Hölle machen. Und so etwas erlebte der junge Lafer und nahm es sehr schwer. „Eine Welt brach für mich zusammen." Das ist eine häufige Redensart von ihm, immerfort erlebt er, wenn ihm etwas in die Quere kommt, solche grunderschütternden Enttäuschungen. Es ist ganz unnötig, detektivisch aufdecken zu wollen, wieviel von dieser negativen Welterfahrung auf das Konto der objektiven Zustände und wieviel auf ein hochreizbares Welterleben zurückgeht. Es genügt: Er erlebt die Welt so, hat sie von früh an als ungerecht und feindselig empfunden und kann bis zum heutigen Tag nicht begreifen, warum es Leute gibt, die seine weitgestreute Aktivität skeptisch sehen wollen: „Meine Ureigenschaft ist, mein Bestes zu geben, perfekt zu sein, mich immer weiter zu vervollkommnen – warum wird das nicht honoriert?"

Nun, ganz unentdeckt sind die Gaben des Hansi Lafer im „Gösser-Bräu" nicht geblieben. Es kam sogar zu einer schicksalhaften Begegnung. Im „Gösser-Bräu" wurde die heute glanzvoll offenbare Neigung des Johann Lafer zu den Süßspeisen, zur großen Pâtisserie auf solide Füße gestellt. Es gab dort eine hübsche Frau mit kleinen Dauerwellenlocken, etwa fünfundvierzig Jahre alt, die Mehlspeisenköchin Rosa. Sie erkannte, was in dem großen unglücklichen Buben steckte. „Sie hat mich gefördert", sagt Lafer dankbar. So weit, daß sie ihm eines ihrer Rezepte verraten hätte, ging die Förderung freilich nicht. Die Rosa war nicht blöd. Sie gab ihm die Zutaten abgewogen, ohne ihm die Mengen zu nennen. Wenn er so ehrgeizzerfressen gewesen wäre, wie ihm die Kameraden vorwarfen, hätte er die Zutaten heimlich nachgewogen. Dazu war er viel zu naiv, man könnte auch sagen: zu unraffiniert oder zu anständig. Was die Rosa machte, war Pâtisserie, aber es war unendlich schwierig, im Grunde unmöglich, ihr in die Karten zu gucken und ihr auf ihrem verheißungsvollen Weg zu folgen. Lafer experimentierte herum, aber er kam dem Geheimnis nicht näher. Erst vor kurzem hat das Kapitel „Rosa“, um derentwillen die schreckliche Zeit im „Gösser-Bräu“ sich gelohnt hat, sein gutes Ende gefunden. Rosa ist gestorben, aber sie hat ihre Rezepte Johann Lafer hinterlassen, ihrem wichtigsten Schüler. Die Tochter der Rosa hat das Konvolut Lafer übergeben. Und nun tat sich das bis dahin verschlossene Tor auf. „Etwas Unmögliches ging in Erfüllung. Ich hatte die Grundmauern von dem, was die Rosa machte, nicht verstanden. Aber ich war auch sprachlos, wie gering der Unterschied zwischen ihren Rezepten und denen der modernen großen Pâtissiers ist. In der Küche hat sich in den letzten Jahren so viel geändert, aber in der Ebene der ganz großen Qualität ist sich eben auch Vieles überraschend gleich geblieben.“ Auch in der Berufsschule gab es einen Lehrer, Hans Senk, an den Lafer gern zurückdenkt. Der habe gesehen, „welches Potential in mir steckte“. Und das, obwohl Lafer bei dem großen Lehrlingswettbewerb jämmerlich versagte. Windbeutel hatte er da zu machen. Aber als er den Brandteig aus dem Ofen holen wollte, stellte er mit Entsetzen fest, daß ihm jemand den Ofen ausgemacht hatte. „Das war meine brutalste Niederlage – ich war mir so sicher, zu gewinnen.“ Ein hartes Wort für einen Schreck, der ihm immer noch in den Knochen sitzt. Ist das nicht ein bißchen verrückt, sich über verpatzte Windbeutel so zu grämen? Gibt es nichts Wichtigeres auf der Welt? Gewiß gibt es Wichtigeres. Aber für einen Künstler sind wichtig nur die Sachen, denen er eben gerade seine Phantasie und seine Erfindungskraft widmet, und seien es Windbeutel.

Das Ergebnis der Lehre war zu erwarten. Die Vorgesetzten waren mit Lafer zufrieden, aber die Kollegen versagten seinem Erfolg die Anerkennung. Das konnte ihm jetzt jedoch endlich gleichgültig sein. Hans Senk hatte ihm eine erste Stellung verschafft, in West-Berlin im Hotel „Schweizerhof“. Da wußte Lafer noch nicht einmal, daß Berlin eine geteilte Stadt war. Zum ersten Mal saß er in einem Flugzeug. Es ging „hinaus ins Reich“, wie manche Österreicher immer noch sagen, nach Preußen, das große Kontrastprogramm zu Österreich. Vielleicht lohnt es hier einmal darüber nachzudenken, warum viele der wichtigsten Köche in Deutschland heute aus Österreich stammen. Ein Zufall ist das jedenfalls nicht. Das Kochen hat mit kollektiven Traditionen zu tun. Frankreichs Triumph in der Kochkunst ist auch ein Abzeichen eines über Jahrhunderte gewachsenen Wohlstandes und eines breiten, traditionsreichen Bürgertums. Das arme Deutschland kannte keinen „Bon roi Henri“, der sich wünschte, jeder Bauer solle bei ihm am Sonntag ein Huhn im Topf haben. Große Gebiete waren von der Natur nicht begünstigt, wohlhabende Bourgeoisie war dünn gesät, Kriege ließen ganze Landstriche für Generationen verelenden.

Österreich war da glücklicher. Ein teilweise schon südliches Klima brachte vorzügliche Produkte hervor. Und unter dem Schirm der Habsburger Monarchie war ein faszinierender kultureller Großraum entstanden, der neuerdings „Mitteleuropa“ genannt wird; auch in der Küche, wenngleich nicht nur dort, flossen nun deutsche, böhmische, ungarische, italienische und polnische Einflüsse zu einer charakteristischen und überaus geglückten neuen Kombination zusammen. Ein österreichischer Koch hat vieles im Gespür und in der Hand, was ein Norddeutscher niemals lernen wird. Heute ist die Lage, in wirtschaftlicher Hinsicht jedenfalls, umgekehrt: Der Großraum der Donau-Monarchie ist nach kommunistischer Herrschaft schwach und zersplittert, und trotz vieler vorzüglicher Restaurants in Österreich ist Johann Lafer davon überzeugt, daß er seinen Weg als Gourmet-Koch nur in Deutschland gehen konnte, obwohl ihm die böhmischen Dalken, die Buchteln, die Nudeln, die Strudel und die Knödel und die großen Mehlspeisen weiterhin am Herzen liegen und er sie in neuen Interpretationen immerfort weiterentwickelt und seinen Gästen nahebringt. Als Lafer nach Berlin kam, waren seine

ES GING UM TOPF UND KRAGEN: *Johannes Lafer vom „Schweizerhof“ wurde bei den Weißmützen Sieger.*
Foto: Binder

„Hoch die Tassen und die Töpfe“ hieß es gestern beim „Kempinski“, das sein 25jähriges Hotelbestehen volkstümlich feierte. Die Fasanenstraße war für den Durchgangsverkehr gesperrt und diente als Rennstrecke für ein Derby der Kellner,

Longdrink-Gläsern — in denen sich allerdings nur grasgrün gefärbtes Wasser befand —, Kasserollen, Bällen und scheppernden Café-Sets ging's auf den 200-Meter-Kurs, gestartet mit einem Pistolenschuß, der so laut war, daß die Tauben auf den

lauf“ überließ Jubiläums-Hausherr Rudolf W. Münster den Konkurrenten das Feld.

Dafür durfte er am Abend, bei einem „Jubiläumsumtrunk“ für mehr als 2000 geladene Gäste, den Platz eins einnehmen, den ihm in eine

„Um Topf und Kragen“ geht es beim damals überaus populären alljährlichen Wettrennen der Köche in Berlin. Johann Lafer, Jungkoch in der Küche des renommierten Hotels „Schweizerhof“, passiert 1978 als erster die Ziellinie

Stromburg
LE VAL D'OR

Kenntnisse von der großen Küche noch gering. Ihn erwartete eine Großstadt, wie er sie noch nicht kennengelernt hatte. Er wanderte allein durch die Straßen und suchte ein Zimmer. „Einen Koch nehme ich nicht", sagte mürrisch eine Zimmervermieterin, „Köche sind schmutzig und kommen nachts zu spät nach Hause." So konnte man den Traumberuf auch darstellen. Im „Schweizerhof" hatte er sich in die klassische Küchenhierarchie einzufügen, die soviele Ränge hat wie das klassische Offizierskorps. Es beginnt mit dem Lehrling, der dem Fähnrich entspricht, über den Commis de Cuisine, den Demi-Chef, den Chef de partie, den Sous-Chef bis zum General, dem Chef de cuisine. Lafer fing unten an, gleich überm Lehrling, mit achthundert Mark im ersten Monat und zwei Monaten Aufenthaltserlaubnis wie jeder Inder oder Pakistani. Der Chef sah schnell, was ihm da aus der Steiermark empfohlen war. Der junge Mann war doch schon fertig. Ohne ihn in der Hierarchie zu befördern, machte er ihn nach sechs Monaten schon zum Chef-Pâtissier.

Das war ein Erfolg, aber glücklich machte der angesichts der geringen Erfahrung, die Lafer besaß, nicht. Der selbstbewußte Mann hat sich immer davor gehütet, sich etwas vorzumachen. Es kam denn auch der Tag des Scheiterns. Ein Büffet für dreihundert Personen wurde ihm anvertraut, auch für einen gestandenen Koch eine ernstzunehmende Aufgabe. Als der Chef sah, was Lafer in äußerster Verzweiflung zustande gebracht hatte, verlor er die Fassung. Köche gelten als cholerisch. Dem Mann schoß das Blut ins Gesicht. „Wer hat den Dreck gemacht?" schrie er beim Anblick des dekorativen Gebirges aus Roastbeef, Räucherlachs, Rehrücken und Forellenfilets. Das „Schweizerhof"-Engagement war der Sprung ins kalte Wasser, das war, nebenbei, die für Lafer übliche Weise, etwas Neues anzufangen. Gelassenheit kannte er in dieser Zeit nicht, er lebte in einem Gefühl ständiger Überforderung. Und dazu kam die Lektüre der Fachzeitschriften. Es passierte etwas in Deutschland. Die deutsche Küche erwachte langsam aus einer jahrzehntelangen Erstarrung. Deutschland als Gourmetland – das hatte sich bis dahin niemand vorstellen können. Auf der Ebene der bescheidenen Gasthöfe regierten die Speisekarte die Jäger- und Zigeunerschnitzel, das Russische Ei und der Toast Hawaii. Bei den traditionsreichen Häusern wurde in schwerem Hotelsilber Königinpastetchen und Geflügelragout mit der Worcesterflasche im silbernen Ständer serviert, Roastbeef mit Remouladensauce, Forelle „Müllerin" und Ochsenschwanzsuppe, Schildkrötensuppe „Lady Curzon" und „Steak Tatar mit Kapern und Rosenpaprika".

Und da gab es nun plötzlich in München einen Österreicher, der ein Restaurant namens „Aubergine" gegründet hatte und die Anregungen, mit denen die Köche um Paul Bocuse in Frankreich die dort ungleich vollkommenere und ausgefeiltere Küche reformierten, aufgriff und auf Deutschland übertrug. Die Regeln dieser „Neuen Küche" klangen selbst im aufgetakelten Zeitschriftenjargon in Lafers Ohren seltsam vertraut. Beste Naturprodukte behutsam zu ihrer Geltung gelangen zu lassen – war das nicht das Prinzip einer Welt, die er weit hinten in der Steiermark hinter sich gelassen zu haben glaubte? Lafer war elektrisiert. Für die jungen Köche gelten dieselben Gesetze wie für die Schauspieler – immer neue Engagements und eine Verweildauer von höchstens zwei oder drei Saisons.

Die Zeit war reif zum Wechseln, und von Berlin aus gesehen hatte das, was sich da „Neue Küche" nannte, in Hamburg besonders gut Fuß gefaßt. Johann Lafer, kein „Hansi" mehr im deutschen Norden, bewarb sich im „Landhaus Scherrer" bei dessen Küchenchef Axel Henkel und bekam sofort eine günstige Antwort: Kommen Sie, Sie sind der richtige Mann für uns. Es verwundert immer wieder aufs neue, wenn man die Genese eines großen Erfolgs unter die Lupe nimmt, welche Hindernisse, Ritardandi, Sackgassen oft den Anfang begleitet haben. Johann Lafer glaubt nicht mehr an den Zufall. Er fühlt sich von einer unsichtbaren Hand geleitet, weil er in seiner „Zigeunerwanderung", wie er seinen

Gewiß der Höhepunkt im Leben eines Adepten der hohen Küchenkunst ist in den siebziger und achtziger Jahren das gemeinsame Wirken am Herd mit Eckart Witzigmann, dessen unübertroffener kulinarischer Esprit so viele junge ehrgeizige Köche inspirierte. Sein Münchener Drei-Sterne-Restaurant „Aubergine" ist das Kraftwerk des deutschen Küchenwunders, und Johann Lafer hat als hochmotivierter Chef-Pâtissier in den Jahren 1981/82 wesentlich Anteil daran

Weg durch die deutschen Küchen beschreibt, einen Sinn und ein Ziel erkennt. Im Nachhinein sieht es für ihn so aus, als habe es alles genauso kommen müssen, wie es kam. Dabei überfiel ihn im „Landhaus Scherrer" ein gehöriger Schreck, als der Küchenchef ihm mit Bedauern sagte, man könne ihn leider doch nicht einstellen – hier sei eine andere Adresse, das Taxi bezahle man gern. War er vergebens nach Hamburg geflogen? Der Wagen hielt vor einem kleinen neuen Restaurant, dem „Le Canard" des Kärntners Josef Viehhauser. Viehhauser stellte ihn ein, und damit war Lafer dort angelangt, wo er sich schon lange hingeträumt hatte: an einem der Brennpunkte der von Witzigmann angeführten deutschen Küchenrevolution. Viehhauser war ein radikaler Ästhet und Purist, der sein Restaurant und seine Küche zu einer optischen Einheit verbinden wollte. Der kleine Gastraum war extrem kühl eingerichtet, die Teller wurden spartanisch einfach angerichtet; es war in allem der größtmögliche Kontrast zum „Schweizerhof".

Hier nun kam Lafer mit Delikatessen in Berührung, die ihm völlig neu waren, die er aber gleichwohl verarbeiten sollte. Bis dahin hatte er noch nie eine schwarze Trüffel gesehen. Es war ihm überhaupt nicht klar, wie der mit der großen europäischen Küche so untrennbar verbundene kostbare Pilz mit seinem unnachahmlichen Duft und Aroma einzusetzen war. Als morgens in Abwesenheit Viehhausers der Fischhändler vorfuhr und Hummer, Langusten, Steinbutt, Seeigel und Loup de mer ablieferte, stand Lafer ratlos vor der frisch nach Meer duftenden Pracht und schüttelte den Kopf, denn nichts von diesen Meeresfrüchten war ihm bekannt, aber in wenigen Stunden sollte er schon Gerichte daraus gezaubert haben. Jetzt war der Augenblick gekommen, um eine Fähigkeit zu kultivieren, die Lafer längst schon in sich spürte, das Denken in Geschmackskategorien, das Übersetzen optischer Eindrücke in Geschmack. Die Angst zu versagen blieb. Er empfand den moralischen Druck als kaum erträglich. Viehhausers Premiere war auch die seine. Krasse Niederlagen blieben ihm in dem Kampf dieser ersten Zeit nicht erspart.

Die „Neue Küche" war auch ein Phänomen des Journalismus. Restaurantkritiker begannen in der Öffentlichkeit eine ungeheure Rolle zu spielen. Die Köche profitierten von den Schreibern und zitterten vor ihnen. Die Existenz eines Restaurants konnte von dem erhobenen oder gesenkten Daumen des Kritikers abhängen, denn das Publikum stand dem neuen Phänomen noch hilflos gegenüber und vertraute den Schreibern zunächst fast blind. „Le Canard" stand in diesem Kampf um die Aufmerksamkeit der Gäste nicht schlecht da. „Mit der Ente zu den Sternen", hieß es im Artikel einer Hamburger Zeitung über Viehhauser und seinen Gehilfen Lafer. Dann kam der Tag, als Lafer morgens um halb zwölf noch allein im Restaurant war. Ein Herr trat auf und bestellte ein vielgängiges Mittagessen. Während Lafer mit fliegenden Händen die Champagnerflasche öffnete, die sich überschäumend alsbald über den Tisch und den Brotkorb ergoß und auch den Gast besprenkelte, dachte er fieberhaft nach: Wer war dieser Mann? In der Küche fiel es ihm ein, wo er das Gesicht des Gastes schon einmal gesehen hatte: als Foto über den Artikeln von Klaus Besser. Das Essen wurde ein Desaster. Viehhauser kam zum Glück später noch dazu und rettete ein bißchen, aber die Lafer-Gerichte wurden vernichtend beurteilt.

Als Johann Lafer 1980 in die Küche der „Schweizer Stuben" in Wertheim-Bettingen kommt, hat er den Berliner „Schweizerhof" und die wichtigen Erfahrungen im Hamburger „Le Canard" schon hinter sich. Hier kultiviert er sein Talent zur Süßspeise – und wird prompt Chef-Pâtissier. Ein Jahr später wird er in Witzigmanns „Aubergine" in dieser Rolle triumphieren

In die Viehhauser-Zeit fällt aber auch der Beginn einer Entwicklung, die zu einem Laferschen Triumph führte. Für den deutschen Gourmet ist Johann Lafer vor allem für eine Erfindung berühmt: das nicht in einem Glas oder Eisbecher oder in einer Schale, sondern auf dem Teller als importanter Hauptgang präsentierte Dessert. Bei Viehhauser wurde nun vor allem die Mousse au chocolat auf diese Art serviert. Auf die große leere Tellerfläche mußte aber noch etwas hinzu, ein Rahmen, Farben, Linien, das Auge und die Zunge erfreuende Würzelemente. Lafer dachte an die Esterhazy-Torte mit ihrem Fendant-Gittermuster. Fendant wollte er für seine Ornamente nicht benutzen, das war zu schwer,

Die Zeit in den „Schweizer Stuben“ bringt wertvolle berufliche Erkenntnis. Menschlich sieht sich Johann Lafer meist allein und enttäuscht. Wie erlöst wirkt er dagegen erst in seinen Pariser Tagen. In der Weltmetropole der Haute Cuisine wird er, wie hier in den Fleischhallen des „Bauchs von Paris“, frei, seinen eigenen Plänen zu folgen

statt dessen entwickelte er seine Fruchtsaucen, die den Tellern etwas Malerisches gaben. Lafer, der zu Hause gern Weihnachtsbildchen, Pferdeschlitten vor verschneiten Waldhütten gezeichnet hatte, stieß nun als Maler mit Fruchtsaucen zur abstrakten Kunst vor, an die er, wie man sich vorstellen kann, keinen Augenblick lang dachte, während er an seinen neuartigen Tellern arbeitete. Aber es war, als hätten ihn die im Bewußtsein aller Zeitgenossen eben doch präsenten Werke eines Mirò oder eines Kandinsky angeflogen. Der Dessertteller wurde zum kostbaren, plastischen Bild, auf dem die stumpfen und die schimmernden Substanzen einander steigerten.

Solche Neuerungen wurden in einer Phase, in der sich die deutsche Gastronomie vollständig neu orientierte, augenblicklich bemerkt, kommentiert und nachgeahmt. Die Küche war im Publikum etwas Wichtiges geworden, der Zeitgeist konzentrierte sich auf sie. Jeder Koch versuchte, an Gittern zu rütteln und Grenzen zu überschreiten. Daß gewisse Grenzen in der Natur der Sache und nicht bloß in Konventionen liegen, wurde dabei oft vergessen. Lafer erinnert sich an diese Zeit wilder, teils geglückter, teils abwegiger Innovation mit gespaltenem Gefühl. Er stand auf solidem Fundament, er hatte die Steiermark und die Küche der Mutter hinter sich, und diese Basis gab ihm beim Erfinden Gelassenheit. „Schokoladenmousse kann man eben nicht mit Zitronensaft kombinieren“, sagt er, um eine Grenze zu charakterisieren, die keine Geschmacksrevolution beseitigen kann. Sein Lieblingsbeispiel kreativen Irrsinns stammt aus einem Weihnachtsmenü: „Coquilles Saint Jacques auf Weihnachtsstollen mit Zimtsabayon.“ Bis heute kann er über solche Fehlgänge nicht lachen. Seine Leidenschaft für die Kochkunst, sein Kampf um ihr Prestige lassen ihm die Folgen solcher sensationssüchtiger Kreationen als ernste Gefahr für die Errungenschaften des neuen Kochens erscheinen. Wenn es nicht zum Modegag verkommen sollte, war, nachdem der Reiz seiner Provokationen vergangen war, eine kluge Anbindung an die Tradition wieder notwendig.

„Nie mehr schlecht essen und nie mehr schlecht kochen“ – das war der Vorsatz, den Lafer in Hamburg faßte. Nun kam es aber darauf an, den größeren Betrieb mit seiner Organisation kennenzulernen, wie denn die Fragen der Logistik für einen Restaurantkoch im Grunde mindestens so bedeutsam sind wie das Kochen selbst. Adalbert Schmidts „Schweizer Stuben“ in Wertheim-Bettingen waren in diesen Jahren eine Hochburg der Neuen Küche. Hier regierten neben Vater und Sohn Schmidt als „Patrons“ die beiden Köche Jörg und Dieter Müller, die Lafer dankbar Ziehväter nennt. Das Erlebnis der „Schweizer Stuben“ stand wieder unter dem Zwillingsgestirn Erfolg und Neid. Nach kurzem schrieb die Hamburger Gourmet-Zeitschrift „Feinschmecker“ über „die besten deutschen Desserts“ – aber solches Lob erschwerte die Zusammenarbeit in der Brigade ganz erheblich. Lafer wurde als Chef-Pâtissier von den Patrons sofort herausgestellt. Er durfte in der Presse auftreten und erhielt gleich zu Anfang die Freiheit, eine neue Dessertkarte „Unser Chef-Pâtissier empfiehlt“ zu erarbeiten.

„Ich war versessen auf Qualität“, erzählt Lafer aus dieser Zeit der Erfindungen, „um die Eismasse noch glatter zu bekommen, griff ich in die Eismaschine und riß mir den Finger auf. Jörg Müller schüttelte nur den Kopf, glatter ging es doch gar nicht.“ Ein ungemütlicher Mensch war dieser Johann Lafer, das hatte sich seit seiner Schulzeit im Dorf nicht geändert. Aber er selbst litt am meisten. Die Konflikte mit den weniger eifrigen und zielbewußten Kollegen nahm er sich schwer zu Herzen. Auch hier kam es zu Sabotage, dem Versuch, den Star hinauszuekeln. Die Mutter drängte ihn aus der Ferne, die „Schweizer Stuben“ zu verlassen; sie sah, wie unglücklich er war. Vielleicht entstand der Konflikt mit den anderen vor allem dadurch, daß er mit seiner Arbeit an der persönlichen Vervollkommnung zu stark über die nur am Tag orientierte Pflichterfüllung hinausschoß. Lafer ist

Solist, kein Orchestermusiker, das ist vielleicht die kürzeste Formel für die Schwierigkeiten, die er in seinen Lehrjahren hatte, obwohl er das selbst nicht so sieht. Aber verrät nicht der scheinbar so bescheidene Wunsch nach gerechter Beurteilung eben auch die Forderung, sich gründlich mit seiner Leistung zu beschäftigen, was in einer großen Brigade gar nicht so einfach möglich ist?

Es sollte nun bald sehr viel besser und sehr viel schlimmer kommen. Johann Lafer drang nun endlich zu seinem Idol, dem Salzburger Witzigmann vor und wurde Chef-Pâtissier in der „Aubergine". Wenn er bisher unter dem Druck und der Nervenbelastung in der Küche gestöhnt hatte, lernte er nun, was wirklich Anspannung und Schuften bis an die Grenze der Kräfte war. Der Dienst dauerte täglich von morgens neun bis nachts um zwölf. Die vierzehn Köche in der Küche waren eine Elitemannschaft. Das Vorstellungsgespräch war für Lafer „wie eine Audienz beim Papst". Am ersten Tag fragte er, wo denn hier das Mehl und das Salz stehe. „Da müssen Sie schon selbst gucken", war die kühle Antwort eines Kollegen. Trotzdem war in dieser Bundesligamannschaft der Köche das Klima frei von der primitiven Eifersucht, die Lafer bisher das Leben schwer gemacht hatte. Alle hatten dasselbe Ziel: für den Chef das beste zu geben. Witzigmann ist in Lafers Schilderung ein Besessener, der den eigenen hohen Anspruch mit einer gegen sich und andere gnadenlosen Genauigkeit hochhält. Da standen an der Ausgabe, dem „Pass", zwei Teller mit Trüffel-Spaghetti, die Witzigmann mißfielen. Er nahm die beiden Teller und knallte sie mit Wucht gegeneinander, auf dem Boden lag ein Salat aus Spaghetti und Tellerscherben. Nachmittags schickte der Chef seine Mannschaft in den Englischen Garten, um eine halbe Stunde Fußball zu spielen. Er lud seine Köche zu einem Skiwochenende ein. Der Respektabstand blieb immer gewahrt, für Lafer ist Witzigmann heute noch „der Chef". Hier geriet er endgültig an den Rand seiner seelischen und körperlichen Möglichkeiten. Die Arbeit stand unter einem ganz anderen Druck, denn hier konnte man nicht mehr sagen: Es paßt mir nicht, ich gehe. Von Witzigmann als Versager wegzugehen, das durfte nicht passieren. Aber in dieser extremen, atemlosen Zeit hat Lafer eigener Einschätzung nach am meisten gelernt.

Witzigmann bahnte ihm auch den Weg in die Zukunft. Eines Tages saß Gaston Lenôtre in der „Aubergine", der König der Pariser Pâtissiers. Er probierte Lafers Pralinen und nickte gnädig, hatte aber auch einen strengen Tadel bereit: Die Pfefferminzpraline hätte beschriftet sein müssen, denn nach ihr war der Geschmack für alle anderen Finessen verdorben. Kurze Zeit später war Lafer in Paris und durfte die Arbeitsweise im Hause Lenôtre von innen kennenlernen. Es war noch einmal eine Lehrzeit, aber viel entspannter, der Druck der Verantwortung war für ein glückliches Jahr von Lafers Schultern genommen, er durfte nur lernen und aufnehmen. Lenôtre besaß neun Pâtisserien in der Stadt und das berühmte Restaurant „Pré Catelan" im Bois de Boulogne, eine alte Pariser Institution. Lafer sah, wie die große traditionelle französische Pâtisserie entsteht, die Architekturen aus Zucker und Teig, wie sie das klassische Werk „Le pâtissier pittoresque" beschreibt. Exquisite Produktion wurde hier im Großbetrieb geleistet. In den freien Stunden erforschte Lafer die Stadt, die für die Tradition der Küche seit langem Zentrum ist. Er wohnte in Auteuil nahe an der Pferderennbahn, und er lief zu Fuß alle Drei-Sterne-Restaurants ab, wie ein Rompilger, der die sieben Stationskirchen aufsucht. Jedes Restaurant fotografierte er. In einsamer Vorfreude bereitete sich hier einer auf die Aufgabe vor, die er kaum erst ahnte: das eigene Restaurant. Zurück in Deutschland hat er dann in der „Allgemeinen Hotel- und Gaststättenzeitung" eine Anzeige aufgegeben. Ganz knapp war darin sein Werdegang skizziert, die Namen „Schweizer Stuben", Witzigmann, Lenôtre fielen, und dann: „Suche nun den Patron, wo ich meine mir angeeigneten Fähigkeiten nach bestem Wissen und Gewissen umsetzen kann." Den Text der Anzeige kann er heute noch auswendig.

Als Johann Lafer, Chef-Pâtissier der „Aubergine" von Eckart Witzigmann, schon alles kann und weiß, geht er noch einmal in die Lehre: Zucker ziehen, Zucker blasen – ein Jahr in Paris bei Gaston Lenôtre, dem König aller Pâtissiers, bringt ihn ganz zu sich selbst und schenkt ihm die Selbstsicherheit und Gelassenheit, die den aufgehenden Stern am Gourmet-Himmel künftig auszeichnen

Die hohe Kunst der kreativen Küche

Die fünfzig herrlichsten Gerichte von Johann Lafer

Die folgenden Rezepte hat Johann Lafer in Zusammenarbeit mit seinem Küchenchef Jörg Leroy und seinem Chef-Pâtissier Alfred Merkel entwickelt. Kirsten Gerberding hat jedes Gericht mit einem kleinen Aperçu bedacht.

Alle Rezepte gelten für jeweils vier Personen

Es gibt keinen großen Schmerz, den man während einer wirklich guten Mahlzeit nicht mindestens für zwanzig Minuten vergessen könnte", schreibt der immer ein wenig zynische, dahinter aber tief melancholische Schriftsteller Henri de Montherlant, der sogar seinen freiwilligen Abschied von dieser Welt mit einem vorzüglichen Mittagessen in seinem Stammrestaurant am Seineufer einleitete. Wer als Arzt und Internist gewöhnt ist, den Menschen auf Leib und Seele hin zu betrachten, wird geneigt sein, Montherlant rechtzugeben, wenngleich von einer allerletzten Mahlzeit zu hören den Arzt verdrießen muß, dessen Arbeit ja der Einheit von Gesundheit und Lebensqualität gilt. Indessen könnte man geradezu metaphysisch werden, wenn man nach dem Grund sucht, der den Menschen beim guten Essen so glücklich macht, daß auch der Körper sich entspannt und beruhigt. Ist es eine Ahnung vom Paradies, die uns einflüstert, Wild und Fisch, Obst und Gemüse könnten einen höheren, vollkommeneren Zustand erreichen, der weit über ihre natürlichen Eigenschaften hinausgeht? Daß Kartoffeln und Bohnen leichter verdaulich sind, wenn man sie kocht, daß der Körper Salze und Mineralien braucht, erklärt noch nicht das Gefühl innigen Behagens, das weit über die bloße Beruhigung des Hungers hinausgeht.

Glückliche Menschen sind vielfach auch gesunde Menschen. Das kann für den Arzt eine schier hoffnungslose Einsicht sein, denn Glück kann man nicht verschreiben. Jedenfalls nicht das große Glück – aber sollte es nicht eine Wiederentdeckung von Lebenskunst und Lebensweisheit geben können, die das kleine Glück der von Montherlant gerühmten zwanzig Minuten, die sich leicht zu ein paar Stunden dehnen, ganz bewußt einsetzt und kultiviert? Eine köstliche Mahlzeit zu genießen ist ein geistiger Akt, der seine Wirksamkeit in Körper und Geist entfaltet. Eine Verfeinerung der Genüsse, wie sie die Speisen eines großen Kochs bedeuten, ist oft mit dem eigentlichen Bewußtwerden des Genusses verbunden. Könnte man die Kochkunst nicht sogar als den Versuch definieren, alle fünf Sinne am Essen zu beteiligen? So jedenfalls wird, wie wir hoffen, der Genießer die von Johann Lafer selbst zusammengestellte Sammlung von fünfzig hinreißenden Rezepten verstehen, mit der dieser bedeutende Kochkünstler seine schöpferische Arbeit am Herd zur Quintessenz destilliert, ein Testament gewissermaßen seiner kulinarischen Ästhetik verfaßt.

Wir leben in einer sehr gesundheitsbewußten Zeit, in der die Köche von den Ärzten lernen müssen, und kein Jahr vergeht, ohne daß neue medizinische Diätpläne hervorgebracht werden. Deshalb möchte ich hier einmal ganz ausdrücklich auf den Punkt hinweisen, in dem der Arzt vom Koch lernen kann und sollte. Damit soll nicht geleugnet werden, daß der Genuß vom medizinischen Nutzen leicht auch in Schaden umschlagen kann: das Außergewöhnliche darf nicht zur Gewohnheit werden. Johann Lafer hat das bedacht und in eine Devise gefaßt, um die ihn jeder Arzt beneiden könnte: „Von allem das Beste, und davon nur wenig!"

Prof. Dr. Klaus-Henning Usadel

Zum Anfang eine Frucht mit A: Wenn der Apfel kandiert ist, darf er die Stopfleber tragen

Crème brûlée von der Gänsestopfleber mit gegrilltem Balsamico-Apfel

Crème brûlée von der Gänsestopfleber mit gegrilltem Balsamico-Apfel

Zutaten

100 g Gänsestopfleber, gewürfelt
100 g Sahne
100 ml Milch
2 Eigelb
Salz, Pfeffer aus der Mühle
20 ml süßer, weißer Portwein, bereits reduziert
80 g brauner Zucker
1 Apfel Gala Royal
20 g Zucker
30 ml guter alter Balsamicoessig

Zubereitung

Gänsestopfleber, Sahne und Milch erhitzen, aufmixen und mit Eigelb zur Rose abziehen.
Durch ein Sieb passieren und mit Salz, Pfeffer und reduziertem weißen Portwein abschmecken.
Die Masse in Suppenteller einfüllen und im vorgeheizten Backofen bei 90° C im Wasserbad ca. 40-45 Minuten pochieren.
Die ausgekühlte Crème mit braunem Zucker bestreuen und gratinieren (abflämmen).
Den Apfel schälen, das Kerngehäuse entfernen und in gleichmäßige, nicht zu dünne Scheiben schneiden.
Diese Scheiben in einer Grillpfanne von beiden Seiten anbraten, mit etwas Zucker bestreuen und mit Balsamico glasieren.
Die leicht abgekühlten Apfelscheiben auf die gebräunte Crème setzen, mit einer Gänsestopfleberpraline, überzogen mit etwas Blattgold und Kerbelzweigen garnieren.

Ochsentafelspitzgelée auf Bratkartoffelsalat mit Trüffelvinaigrette

Zutaten

Ochsentafelspitzgelée
200 ml Tafelspitzbrühe
3 Blatt Gelatine, in kaltem Wasser eingeweicht
Salz
1 Spritzer Essig
200 g Ochsentafelspitz, gekocht
100 g Gemüsebrunoise, blanchiert
(Zucchini, Karotten, Sellerie, Lauch)

Bratkartoffeln
600 g La Ratte-Kartoffeln, gekocht und gepellt
20 g Butterschmalz

Trüffelvinaigrette
1 eingelegter schwarzer Trüffel mit Fond
1 Schalotte, fein geschnitten
6 EL Olivenöl
2 EL Madeira
2 EL weißer Portwein
2 EL weißer Balsamicoessig
4 EL Walnußöl
Salz, Pfeffer
1 Tropfen Trüffelöl
Salz, Pfeffer

Zubereitung

Ochsentafelspitzgelée
Die Tafelspitzbrühe erhitzen, die eingeweichte Gelatine darin auflösen, verrühren und mit Salz und Essig abschmecken.
Den Ochsentafelspitz auf einer Aufschnittmaschine in dünne Scheiben, anschließend in die Terrinenformbreite zurechtschneiden.
Die Schüssel mit dem Tafelspitzfond auf Eiswasser stellen.
Eine Terrinenform für die Sülze in ein Gefäß stellen und rundum Eiswürfel verteilen, damit das Tafelspitzgelée beim Einfüllen sofort zu stocken beginnt.
Lagenweise Tafelspitz, Gelée und Gemüsewürfel einfüllen. Diesen Vorgang so lange wiederholen, bis die Terrinenform gefüllt ist. Die Abstände zwischen den Tafelspitzscheiben sollen nicht sehr groß sein. Zum Durchkühlen ca. 5 Stunden in den Kühlschrank stellen.

Bratkartoffeln
Die Kartoffeln in gleichmäßige Scheiben schneiden und in Butterschmalz bei gleichmäßigem Schwenken bräunen lassen.

Trüffelvinaigrette
Für die Trüffelvinaigrette den eingelegten Trüffel in feine Würfel schneiden und zusammen mit den Schalotten in Olivenöl anschwitzen. Ablöschen mit Madeira, weißem Portwein und weißem Balsamicoessig. Mit Trüffelfond aufgießen und diesen Sud ca. 1 Minute einkochen. Zum Schluß das Walnußöl dazugeben, mit Salz und Pfeffer abschmecken und mit etwas Trüffelöl „parfümieren".

Die Kartoffelscheiben mit der Trüffelvinaigrette marinieren und, falls nötig, mit Salz und Pfeffer abschmecken. Zusammen mit dem Ochsentafelspitz anrichten und mit Salat, einigen Trüffelscheiben und Schnittlauchspitzen garnieren.

Ochsentafelspitzgelée auf Bratkartoffelsalat mit Trüffelvinaigrette

Der schwarze Duft der Trüffel lockt den Ochsen

Der Hummer liegt warm in viel Butter, Knoblauch und Thymian

Weißer Tomatenschaum mit marinierten Gurkenspaghetti und bretonischem Hummer, Basilikumpesto

Weißer Tomatenschaum mit marinierten Gurkenspaghetti und bretonischem Hummer, Basilikumpesto

Zutaten

Weißer Tomatenschaum
500 g vollreife Tomaten
1 l Geflügelfond
2 EL Olivenöl
Salz
weißer Pfeffer
2 Blatt Gelatine, in kaltem Wasser eingeweicht
80 g geschlagene Sahne

Marinierte Gurkenspaghetti
1 gr. Salatgurke
½ Bund Dill, gemixt mit Limonen-Oliven-Öl
1 Spritzer Champagneressig
Salz, Pfeffer

Hummer
2 bretonische Hummer à ca. 500 g
80 g Butter
3 Knoblauchzehen, halbiert
5 Thymianzweige

Basilikumpesto
50 g Basilikumblätter
200 ml Olivenöl
2 Knoblauchzehen, geschält
10 g Pinienkerne, geröstet
35 g Parmesan, gerieben
Salz, Pfeffer aus der Mühle

24 Tomatenfilets
2 Thymianzweige
2 Rosmarinzweige
3 EL Olivenöl
Salz, Pfeffer
etwas Rucola, geputzt
etwas Friséesalat, geputzt

Zubereitung

Weißer Tomatenschaum
Die gewaschenen und geviertelten Tomaten mit dem Geflügelfond, Olivenöl Salz und Pfeffer in einen Mixer geben und fein pürieren. Die aufgemixten Tomaten in ein Küchentuch geben und den klaren Tomatensaft auffangen. Diesen auf 125 ml einkochen und abkühlen lassen.
Den Tomatenfond in einer Schüssel auf Eiswürfeln mit einer Küchenmaschine schaumig schlagen. Gelatine in einem Topf mit 2 EL heißem Tomatenfond auflösen und die aufgeschlagene Tomatenmasse vorsichtig unterrühren. Jetzt die geschlagene Sahne unterheben und den Tomatenschaum ca. 2-3 Stunden im Kühlschrank durchkühlen.

Marinierte Gurkenspaghetti
Die Gurke schälen und mit Hilfe der Gemüseschneidemaschine zu Spaghetti abdrehen. Mit Dill, Champagneressig, Salz und Pfeffer mischen, abschmecken und mit einer Gabel aufdrehen.

Hummer
Den Hummer ca. 5 Minuten kochen, Schwanz und Scheren ausbrechen und in viel Butter mit Knoblauch und Thymian warm legen.

Basilikumpesto
Die gewaschenen Basilikumblätter mit Olivenöl, Knoblauch und Pinienkernen in einem Mixer pürieren.
Zuletzt frisch geriebenen Parmesan dazugeben, nochmals aufmixen und mit Salz und Pfeffer abschmecken.

Aus dem Tomatenschaum kleine Nocken abstechen und auf Teller mit Tomatenfilets, die mit Thymian, Rosmarin, Olivenöl – gewürzt mit Salz und Pfeffer – im Backofen bei 90° C ca. 15 Minuten geschmort wurden, anrichten. Die Gurkenspaghetti und den Hummer in die Mitte setzen und mit Rucola, Friséesalat und Basilikumpesto garnieren.

Millefeuille von geschmortem Gemüse mit Rucola und gebratenen Riesengarnelen

Zutaten

1 rote Paprika
1 gelbe Paprika
Olivenöl

1 Zucchini
1 Aubergine
Olivenöl
2 Thymianzweige
2 Rosmarinzweige
2 Knoblauchzehen, angedrückt
Salz, Pfeffer

6 rote Zwiebeln
ca. 4 EL Olivenöl
Zucker
Salz
1 Spritzer Rotweinessig
1 Spritzer Balsamicoessig
200 ml kräftiger Rotwein

ca. 100 ml Schältomaten (aus dem Glas)
1 EL Ketchup
2 EL Olivenöl
1 EL Balsamicoessig
1 Knoblauchzehe, fein gerieben
2 Blättchen Basilikum

3 Blatt Gelatine
Salz, Pfeffer
Zucker

etwas Rucola, geputzt
etwas Friséesalat, geputzt
12 Riesengarnelen, ausgebrochen und entdarmt
20 g Butter
2 EL Schalottenwürfel
½ EL Knoblauch, gehackt

Zubereitung

Die Paprika halbieren, entkernen und auf ein geöltes Backblech legen. Im Ofen bei 150° C ca. 25 Minuten garen und danach die Haut vorsichtig von den Schoten abziehen.

Die Zucchini und die Aubergine der Länge nach in ca. 3 mm dicke Scheiben schneiden und in Olivenöl zusammen mit Thymian- und Rosmarinzweigen sowie den angedrückten Knoblauchzehen mit Farbe braten und mit Salz und Pfeffer würzen.

Die Zwiebeln schälen und in Streifen schneiden. In Olivenöl anschwitzen und mit Zucker und Salz würzen. Mit den beiden Essigsorten ablöschen und mit Rotwein auffüllen. Reduzieren lassen, bis der Wein völlig verkocht und die Zwiebeln die Flüssigkeit vollkommen aufgenommen haben.

Für den Coulis, der später die einzelnen Gemüseschichten verbindet, die Schältomaten mit Ketchup, Olivenöl, Balsamicoessig, der geriebenen Knoblauchzehe und dem Basilikum in einem Topf erhitzen, kurz einkochen lassen und anschließend pürieren.

Die eingeweichte Gelatine in der warmen Sauce auflösen und mit Salz, Pfeffer und Zucker abschmecken.
Nun die einzelnen vorbereiteten Gemüse und das Zwiebelragout abwechselnd in einem bodenlosen Rahmen aufeinanderschichten. Zwischen die einzelnen Lagen immer großzügig den Tomatencoulis pinseln. Das Millefeuille für ca. 6 Stunden gut gepreßt kühl stellen.
Nach dem Kühlen mit einem Elektromesser einzelne Rauten herausschneiden und diese, leicht erwärmt, auf einem Teller anrichten.

Marinierten Rucola und Friséesalat danebensetzen und mit den in Butter, Schalottenwürfeln und Knoblauch gebratenen Riesengarnelen anrichten. Abschließend mit etwas Pesto und fritiertem Basilikum garnieren.

Millefeuille von geschmortem Gemüse mit Rucola und gebratenen Riesengarnelen

Es war einmal ein Millefeuille …

Limonen setzen dem Kingfisch die Krone auf

Carpaccio vom Kingfisch in Limetten-Soja-Marinade mit gebackener Kaviar-Kartoffel

Carpaccio vom Kingfisch in Limetten-Soja-Marinade mit gebackener Kaviar-Kartoffel

Zutaten

300 g frisches Kingfischfilet
Salz, Pfeffer aus der Mühle

Limetten-Soja-Marinade
3 EL Fischfond
2 EL Limettensaft
abgeriebene Schale von
1 Limette (unbehandelt)
1 EL Sojasauce
Koriander aus der Mühle
1 Msp. Knoblauchpüree
Bergpfeffer
Koriandersträußchen

Kaviar-Kartöffelchen
4 La Ratte-Kartoffeln, gekocht und geschält
30 g Ossietra Royal Kaviar
½ EL Fischfarce

Zubereitung

Den Kingfisch von Sehnen, Gräten und Fetthäuten befreien und mit einem scharfen Messer in sehr dünne Scheiben schneiden. Auf kalte Teller legen und mit Salz und Pfeffer würzen.

Limonen-Soja-Marinade
Fischfond, Limettensaft, Limettenschale und Sojasauce verrühren.
Mit Koriander aus der Mühle, etwas Knoblauch und Bergpfeffer abschmecken.
Die Marinade über den aufgelegten Kingfisch pinseln und mit frischen Koriandersträußchen verzieren.

Kaviar-Kartöffelchen
Die Kartoffeln halbieren, mit Hilfe eines Ausstechers aushöhlen, die Hälften mit Kaviar füllen, die Ränder mit Farce einstreichen, wieder aufeinandersetzen und zweimal panieren (Mehl, Ei, Semmelbrösel). Anschließend in Fett ca. 1-2 Minuten schwimmend ausbacken, aufschneiden und zu dem Kingfisch-Carpaccio servieren.
Zum Schluß mit etwas Sesamvinaigrette verzieren.

Salat von Pattaya-Mango und Frühlingslauch mit Kaisergranat

Zubereitung

Die Mango in Streifen und den Frühlingslauch in feine Ringe schneiden. Aus Essig, Sesamöl, Limonenöl, Läuterzucker, Chili, Koriander, Knoblauch und Ingwer eine Vinaigrette herstellen und damit den Mango-Salat marinieren.
Das Ganze mit Salz abschmecken.

Kaisergranat
Chili, Schalotte und Knoblauch fein hacken, mit dem Öl und dem Koriander vermischen und damit die Kaisergranate ca. 1 Stunde marinieren.
Diese danach langsam in einer heißen beschichteten Pfanne braten.
Kurz bevor sie gar sind, die Sweet Chili-Sauce beigeben und die Garnelen damit glasieren.
Mit Salz und Pfeffer abschmecken, gemeinsam mit dem Salat anrichten, mit gebackenem Frühlingslauch garnieren und servieren.

Zutaten

1 Pattaya-Mango
4 Stangen Frühlingslauch
2 EL Weißweinessig
2 EL Sesamöl
1 EL Limonenöl
1 EL Läuterzucker
½ Chilischote, fein gehackt
1 EL Koriander, fein gehackt
1 Knoblauchzehe, fein gehackt
1 Msp. Ingwer, fein gehackt
Salz

Kaisergranat
1 Chilischote
1 Schalotte
1 Knoblauchzehe
4-5 EL Sesamöl
1 EL Koriander, gehackt
8 Kaisergranate, küchenfertig
2-3 EL Sweet Chili-Sauce
Salz, Pfeffer

Salat von Pattaya-Mango und Frühlingslauch mit Kaisergranat

Süß und scharf – der Kaisergranat, noch unglasiert

Einer von Zwölfen: Flußkrebs zum Traum-Schaum

Spargel-Estragon-Espumas mit Flußkrebsen

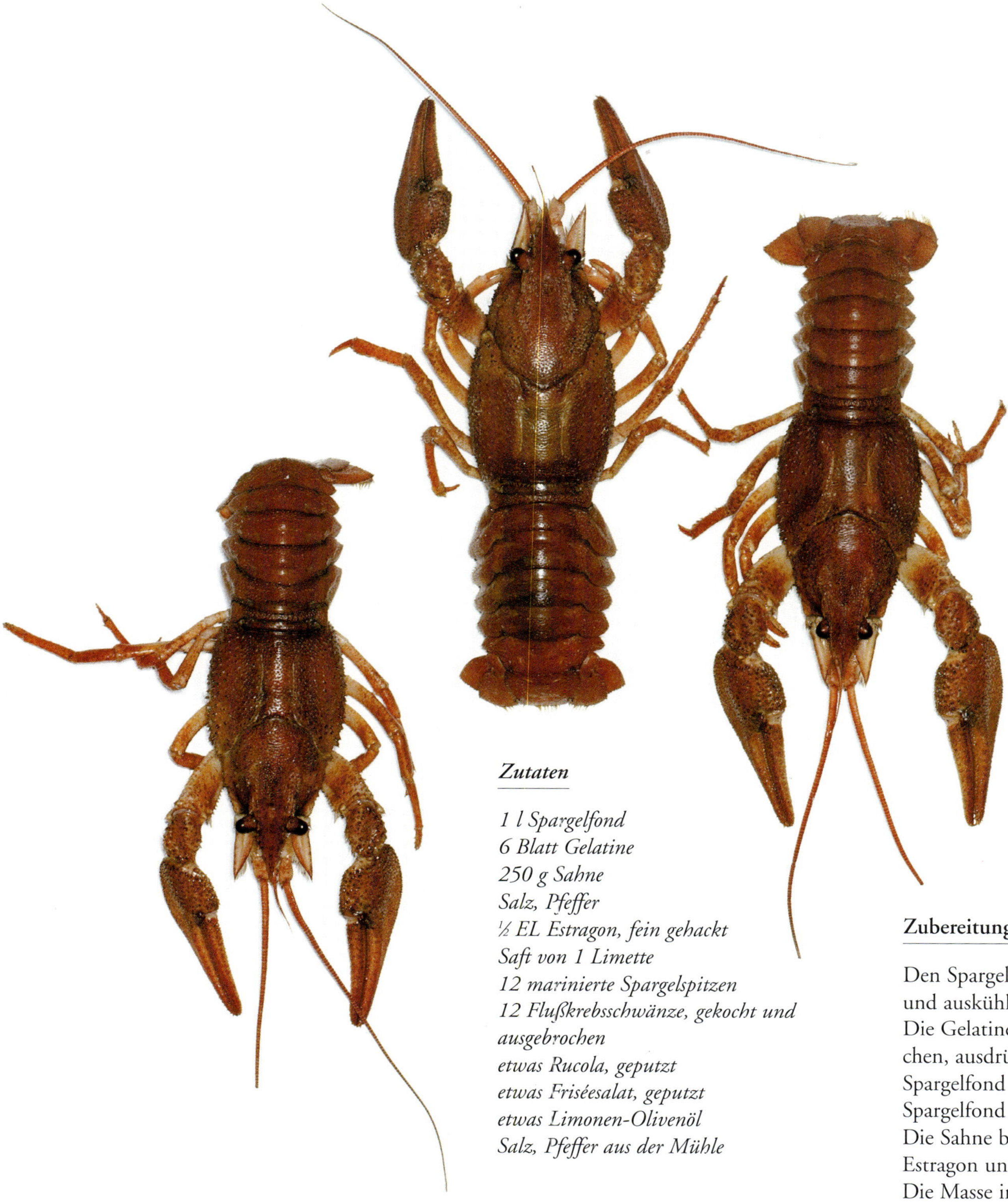

Zutaten

1 l Spargelfond
6 Blatt Gelatine
250 g Sahne
Salz, Pfeffer
½ EL Estragon, fein gehackt
Saft von 1 Limette
12 marinierte Spargelspitzen
12 Flußkrebsschwänze, gekocht und ausgebrochen
etwas Rucola, geputzt
etwas Friséesalat, geputzt
etwas Limonen-Olivenöl
Salz, Pfeffer aus der Mühle

Zubereitung

Den Spargelfond auf 750 ml reduzieren und auskühlen lassen.
Die Gelatine in kaltem Wasser einweichen, ausdrücken, in wenig warmem Spargelfond auflösen, zu dem restlichen Spargelfond geben und gut verrühren.
Die Sahne beigeben und mit Salz, Pfeffer, Estragon und Limettensaft abschmecken.
Die Masse in eine „Profi Whip"-Flasche von „isi" einfüllen und 2 Kapseln hineinschrauben. Alles gut schütteln und für mindestens 3 Stunden kalt stellen.
Anschließend in kleine Schälchen aufspritzen und mit Spargelspitzen und Flußkrebsschwänzen anrichten.
Mit etwas Rucola und Friséesalat garnieren, mit Limonen-Olivenöl beträufeln und mit Salz und Pfeffer würzen.

Spargel-Estragon-Espumas mit Flußkrebsen

Warmer Kartoffelschaum mit Orangenlachs und Imperial Kaviar

Zutaten

Kartoffelschaum
500 g Kartoffeln, geschält
100 g Sahne
100 g Butter, zimmerwarm
Salz, Pfeffer aus der Mühle
Muskatnuß, frisch gerieben

Orangenlachs
4 EL Meersalz
2 EL Zucker
30 ml Limonenöl
30 ml Olivenöl
2 EL Orangenpaste
1 EL Orangensenf
Koriander, gemahlen
2 EL Dill, gehackt
400 g Wildlachsfilet
1 Orange, in Scheiben geschnitten

80 g Ossietra Imperial Kaviar
Dillzweige für die Garnitur

Zubereitung

Kartoffelschaum
Die Kartoffeln kochen, pressen und in heißem Zustand Sahne und Butter daruntermixen.
Mit Salz, Pfeffer und Muskat abschmecken.
Die Masse in eine „Profi Whip"-Flasche von „isi" einfüllen, 2 Kapseln hineindrehen und gut schütteln.

Orangenlachs
Aus Meersalz, Zucker, Limonenöl, Olivenöl, Orangenpaste, Orangensenf, gemahlenem Koriander und gehacktem Dill eine zähflüssige Beize herstellen. Damit das Wildlachsfilet einstreichen und mit frischen Orangenscheiben belegen. Ca. 24 Stunden marinieren.

Aus der Marinade nehmen, gut trockenreiben und in dünne Scheiben schneiden. Den Kartoffelschaum auf Teller spritzen, mit Lachsscheiben belegen und mit Kaviar und Dillzweigen garnieren.

Warmer Kartoffelschaum mit Orangenlachs und Imperial Kaviar

Orangen – des Wildlachses lieblichste Liaison

Die Artischocke zieht ihre Stacheln ein und wird zum milden Soufflé

Das Beste vom Stallkaninchen mit soufflierter Artischockentarte

Das Beste vom Stallkaninchen mit souffllierter Artischockentarte

Zutaten

Marinierte Rückenscheiben vom Kaninchen
2 Kaninchenrücken
2 EL Olivenöl
1 Rosmarinzweig
1 TL Speck, gewürfelt
1 Knoblauchzehe, halbiert
Salz, Pfeffer aus der Mühle
10 ml weißer Portwein
30 ml Weißwein
50 ml Kaninchenfond
1 TL Dijon-Senf
1 EL Balsamicoessig
30 ml Olivenöl
Salz, Pfeffer aus der Mühle

Kaninchensatés
4 Kaninchennieren
4 Kaninchenlebern à 80 g
4 Rosmarinzweige
1 EL Olivenöl
etwas Mehl
Salz, Pfeffer aus der Mühle
20 g Butter

Gebackene Kaninchenkeulen
2 Kaninchenkeulen
Salz, Pfeffer aus der Mühle
3 Rosmarinzweige
3 EL Speck, gewürfelt
30 ml Vermouth
80 ml Weißwein
2 EL Gemüsewürfel, blanchiert
20 g Butterschmalz

Soufflierte Artischockentartes
4 Schiffchenformen
ca. 60 g Blätterteig, dünn ausgerollt
2 Artischockenböden, geputzt
1 EL Olivenöl
1 TL Schalottenwürfel
1 Thymianzweig
1 EL weißer Portwein
100 ml Gemüsebrühe
2 EL Kartoffelwürfel, gekocht
1 TL Zitronenthymianblättchen
1 EL Butterschmalz
1 EL Mehl
50 ml Milch
Salz, Pfeffer aus der Mühle
etwas Rucola, geputzt
etwas Friséesalat, geputzt

Zubereitung

Marinierte Rückenscheiben vom Kaninchen
Die Kaninchenrücken auslösen und parieren.
Die Filets in Olivenöl mit Rosmarin, Speck und Knoblauch saftig braten, mit Salz und Pfeffer würzen. Herausnehmen und warm stellen.
Den Bratensatz mit Portwein und Weißwein ablöschen, mit Kaninchenfond auffüllen und leicht einkochen lassen.
Anschließend durch ein Sieb passieren.
Senf und Essig dazugeben, das Olivenöl einmixen und mit Salz und Pfeffer abschmecken.
Die erkalteten Kaninchenstränge mit einer Aufschnittmaschine in dünne Scheiben schneiden und in der Marinade einlegen.

Kaninchensatés
Die Nierchen und die Lebern gleichmäßig halbieren und abwechselnd auf einen Rosmarinzweig aufstecken.
Olivenöl in einer Pfanne erhitzen. Die Spieße kurz mehlieren, von beiden Seiten leicht anbraten und mit Salz und Pfeffer würzen.
Butter in die Pfanne einschwenken, die Satés damit übergießen und noch ca. 1-2 Minuten ziehen lassen.

Gebackene Kaninchenkeulen
Die Kaninchenkeulen mit Salz und Pfeffer würzen und in einem Topf mit Rosmarin, Speck, Vermouth und Weißwein schmoren.
Anschließend die Keulen herausnehmen, das Fleisch vom Knochen lösen, den Fond passieren und auf ein Fünftel einkochen lassen.
Das ausgelöste Kaninchenfleisch in den reduzierten Fond geben, mit blanchierten Gemüsewürfeln vermischen und etwas auskühlen lassen.
Die Masse in Klarsichtfolie zu einer Rolle einschlagen, diese gut in Alufolie pressen und ca. 4-5 Stunden durchkühlen lassen.
Die erkaltete und fest gewordene Rolle in gleichmäßige Scheiben schneiden, mit Mehl, Ei und frisch geriebenem Weißbrot panieren und in heißem Butterschmalz von beiden Seiten ausbacken.

Soufflierte Artischockentartes
Die Schiffchenformen mit dem Blätterteig auslegen und im vorgeheizten Backofen bei 200° C ca. 15 Minuten blindbacken.
Die Artischockenböden in kleine Würfel schneiden und in einer heißen Pfanne in Olivenöl anbraten. Schalottenwürfel beigeben, Thymianzweig mit einschwenken und mit weißem Portwein ablöschen.
Etwas Gemüsebrühe angießen und das Ganze ca. 3-4 Minuten einkochen lassen, bis die Artischockenwürfel gar sind.
Anschließend auf ein Sieb abschütten.
Den Fond für die Bechamelsauce zurückhalten. Die Artischockenwürfel mit Kartoffelwürfeln und dem Zitronenthymian vermischen und in die blindgebackenen Blätterteigförmchen einfüllen.
Butterschmalz in einer Sauteuse erhitzen, mit Mehl abstauben, mit Milch und dem Artischockenfond aufgießen, gut auskochen lassen und mit Salz und Pfeffer abschmecken.
Die Bechamelsauce auf die Tarteförmchen verteilen und im Salamander ca. 3-4 Minuten überbacken, bis eine schöne Farbe entsteht.

Die fertige Artischockentarte zusammen mit den Kaninchenvariationen anrichten und mit Rucola und Friséesalat garnieren.

Zutaten

2 Wachteln
60 g Geflügelfarce
80 g Gänsestopfleber, geputzt
Salz, Pfeffer
etwas Schweinenetz
2 EL Olivenöl
2 Rosmarinzweige
2 Thymianzweige
½ Knoblauchzehe

Spargelsalat
12 Spargelspitzen, gekocht
etwas Walnußöl
Salz, Pfeffer aus der Mühle

Morchel-Estragon-Chutney
200 g frische Morcheln, geputzt und gewaschen
30 g Butter
3 EL Schalotten, gewürfelt
1 Knoblauchzehe, gehackt
80 ml Spargelfond
30 g eiskalte Butter
Salz, Pfeffer aus der Mühle
ca. 1 EL Estragon, gehackt
etwas Friséesalat
etwas Estragon, fritiert

Crêpinette aus Wachtel und Gänsestopfleber mit Spargelsalat, Morchel-Estragon-Chutney

Zubereitung

Die Brüste und die Keulen von der Wachtel trennen. Die Brust von Haut und Knochen befreien.
Den Schlußknochen der Keule auslösen und den vorderen Knochen putzen. Nun die Brust mit der schönen Seite nach unten auflegen.
Die Farce gleichmäßig darauf verstreichen. Die Gänseleber in Scheiben schneiden, auf jede Brust eine Scheibe legen und die Keule daraufsetzen.
Mit der restlichen Farce rundherum einstreichen und mit Salz und Pfeffer würzen. Das Ganze in Schweinenetz einschlagen und in einer heißen Pfanne mit Olivenöl anbraten. Die Kräuter und den Knoblauch zugeben.
Im vorgeheizten Backofen bei 160° C ca. 8 Minuten auf der Keulenseite liegend braten. Anschließend herausnehmen und warm stellen.

Spargelsalat
Die Spargelspitzen mit etwas Walnußöl marinieren und mit Salz und Pfeffer würzen.

Morchel-Estragon-Chutney
Die Morcheln in Würfel schneiden, in Butter mit Schalotten und Knoblauch anschwitzen und mit etwas Spargelbrühe angießen. Leicht einkochen lassen, mit kalter Butter abbinden und mit Salz, Pfeffer und gehacktem Estragon abschmecken.

Den Spargelsalat mit tranchierter Wachtel-Gänseleber-Crêpinette und Morchel-Estragon-Chutney auf Teller anrichten und mit Friséesalat und fritiertem Estragon garnieren.

Crêpinette aus Wachtel und Gänsestopfleber mit Spargelsalat, Morchel-Estragon-Chutney

Im Wachtel-Land liebt Morchel Estragon

Steinchampignons, noch ganz und gar nicht scheibchenweise

Marinierte Steinchampignons in Schalotten-Zitronenthymian-Vinaigrette mit gebackener Kalbsschwanzpraline und Rucola

Marinierte Steinchampignons in Schalotten-Zitronenthymian-Vinaigrette mit gebackener Kalbsschwanzpraline und Rucola

Zutaten

200 g Steinchampignons
Steinpilzöl

Schalotten-Zitronenthymian-Vinaigrette
30 ml Geflügelbrühe
60 ml Olivenöl
30 ml Weißweinessig
Salz, Pfeffer
1 EL Zitronenthymian, gezupft
4 EL Schalottenwürfel, angeschwitzt
2 EL Tomatenwürfel

Gebackene Kalbsschwanzpraline
2 Kalbsschwänze, in Stücke geschnitten
Salz, Pfeffer aus der Mühle
1 EL Balsamicoessig
Panade
Butterschmalz
Rucolaspitzen, geputzt

Zubereitung

Die Steinchampignons putzen, in hauchdünne Scheiben schneiden und auf mit Steinpilzöl eingeriebene Teller auflegen.

Schalotten-Zitronenthymian-Vinaigrette
Aus Geflügelbrühe, Olivenöl, Weißweinessig, Salz und Pfeffer eine Vinaigrette herstellen. Diese mit Zitronenthymian und Schalottenwürfeln abschmecken. Zum Schluß die Tomatenwürfel dazugeben.
Diese Vinaigrette gleichmäßig auf die Steinchampignons verteilen.

Gebackene Kalbsschwanzpraline
Die Kalbsschwänze in einem Bräter schmoren (auf die klassische Art – Gemüse, Rotwein, Gewürze).
Anschließend das Fleisch ablösen und den passierten Schmorfond auf ein Drittel einkochen lassen.
Das Fleisch in den Fond zurückgeben, mit Salz, Pfeffer und Balsamicoessig abschmecken, mit Stärke leicht abbinden und in eine Form mit einem ca. 1 cm hohen Rand geben. Gut gepresst im Kühlschrank mindestens 6 Stunden kühlen.
Den festen Kalbsschwanz in Rauten schneiden und zweimal panieren (Mehl, Ei, Weißbrot-Pekannuß-Mischung).
In heißem Butterschmalz schwimmend ausbacken und auf den marinierten Steinchampignons anrichten.

Mit Rucolaspitzen garnieren.

Jakobsmuschelsaté gegrillt und in Tempura gebacken auf grünem Tomaten-Chili-Confit

Zutaten

12 Zitronengrasstangen
12 Jakobsmuscheln, ausgebrochen und gesäubert
3 EL Sesamöl
2 EL Schalottenwürfel
1 Msp. Knoblauchpüree
1 EL Petersilie, gehackt
Salz
Koriander, gemahlen

Tempurateig
2 Eigelb
400 ml Eiswasser
125 g Mehl
125 g Stärkemehl
1 TL Salz

etwas Mehl
Fett zum Ausbacken
Salz

Wasabischaum
125 ml eiskaltes Wasser
25 g Wasabipulver (grüner Meerettich aus Asien)
2 EL Sesamöl
Salz
Koriander, gemahlen
2 EL Sauerrahm

Tomaten-Chili-Confit
4 grüne Tomaten, ca. 400 g, geschält und gewürfelt
2 EL brauner Zucker
5 g frischer Ingwer
1 Knoblauchzehe, halbiert
5 Pfefferkörner
Koriander, gemahlen
1 Spritzer weißer Balsamico
80 ml klarer Tomatenfond
Salz, Pfeffer aus der Mühle
Chili, gemahlen

Zubereitung

Aus dem Zitronengras kleine Satés (Spießchen) schneiden und jeweils eine Jakobsmuschel daraufstecken.
Sesamöl in eine Grillpfanne geben, 4 Satés darin mit Schalottenwürfeln, Knoblauch und gehackter Petersilie braten.
Anschließend mit Salz und gemahlenem Koriander abschmecken.

Tempurateig
Eigelb, Eiswasser, Mehl, Stärkemehl und Salz mit einem Zauberstab mixen, bis ein glatter Teig entsteht.

Die restlichen Satés mehlieren, durch den Tempurateig ziehen und in heißem Fett ausbacken. Anschließend mit Salz würzen.

Wasabischaum
Wasser mit Wasabipulver anrühren, mit Sesamöl, Salz und gemahlenem Koriander abschmecken.
Den Sauerrahm unterrühren und mit einem Zauberstab schaumig aufmixen.

Tomaten-Chili-Confit
Die gewürfelten Tomaten in einen heißen Topf geben, in dem vorher Zucker zu einem leichten Karamel geschmolzen wurde.
Ingwer, Knoblauch, Pfefferkörner und gemahlenen Koriander zugeben, mit weißem Balsamicoessig ablöschen und mit klarem Tomatenfond aufgießen.
Das Ganze nun im Backofen bei 160° C ca. 60-70 Minuten schmoren lassen.
Anschließend den Ingwer herausnehmen, den Rest pürieren und mit Salz, Pfeffer und gemahlenem Chili abschmecken.
Das Chutney auf Teller anrichten, die Jakobsmuschelsatés daraufsetzen und mit der Wasabicrème servieren.

Jakobsmuschelsaté gegrillt und in Tempura gebacken auf grünem Tomaten-Chili-Confit

Perle unter den Muscheln – Coquille Saint Jacques, Jakobsmuschel

Tomate und Hummer – das Rot hat eine weiße Seele

Weiße Tomatenschaumsuppe mit Hummersoufflé und Basilikum

Weiße Tomatenschaumsuppe mit Hummersoufflé und Basilikum

Zutaten

Tomatenschaumsuppe
2 Schalotten, fein gewürfelt
2 EL Olivenöl
1 Knoblauchzehe, gehackt
500 ml klarer Tomatenfond
250 g Crème double
30 g Tomaten, getrocknet
½ Bund Basilikum
50 g eiskalte Butter
3 EL geschlagene Sahne
Salz
weißer Pfeffer

Hummersoufflé
100 g Hummerfleisch
100 g Hummerfarce
Salz, Pfeffer aus der Mühle
1 Spritzer Vermouth
1 geschlagenes Eiweiß
1 EL geschlagene Sahne
4 schöne Basilikumblätter, gebacken

Zubereitung

Tomatenschaumsuppe
Die Schalottenwürfel in heißem Olivenöl mit dem feingehackten Knoblauch glasig dünsten. Mit dem klaren Tomatensaft auffüllen und etwas einkochen lassen.
Die Crème double zugeben und mit dem Tomatenfond auf ein Drittel reduzieren lassen. Anschließend die getrockneten Tomaten und das Basilikum in die Suppe geben und 20 Minuten ziehen lassen.
Passieren und mit einem Zauberstab die kalten Butterwürfel unterarbeiten.
Zum Schluß die geschlagene Sahne dazugeben und, falls nötig, mit Salz und weißem Pfeffer abschmecken.

Hummersoufflé
Das Hummerfleisch in kleine Würfel schneiden und unter die Hummerfarce rühren. Mit Salz, Pfeffer und Vermouth abschmecken.
Eischnee und geschlagene Sahne vorsichtig unterheben und die Masse in ausgebutterte Soufflèförmchen (ca. 6 cm Durchmesser) einfüllen.
Im Wasserbad bei 200° C ca. 20 Minuten pochieren, herausstürzen und in die aufgeschäumte Suppe geben.

Mit einem gebackenen Basilikumblatt und etwas Pesto garnieren.

Suppe Wan Tan mit Shiitakepilzen, Frühlingszwiebeln und Korianderkraut

Zutaten

Klärfleischmischung
400 g Poulardenfleisch
3 Frühlingszwiebeln
2 Zitronengrasstangen
2 Kaffirlimonen-Blätter
10 g Ingwer
Schale von 1 Limette
½ Bund Koriander
1 Knoblauchzehe
Salz
3 Eiweiß
10 g Shiitakepilze, getrocknet
ca. 200 g Eiswürfel
1 ½ l Geflügelbrühe

Einlage
100 g Shiitakepilze
4 kl. Frühlingszwiebeln
50 g Mu Err-Pilze, eingeweicht
200 g asiatische Eiernudeln, gekocht
1 EL Korianderblätter, gezupft
Salz
Chili aus der Gewürzmühle
Koriander aus der Gewürzmühle

Wan Tan
200 g Geflügelfarce
1 EL Mu Err-Pilze, gehackt
½ EL Chili, gehackt
½ EL Korianderblätter, gehackt
1 Frühlingszwiebel, in Ringe geschnitten
Salz
1 TL Knoblauch, gehackt
8 Wan Tan-Blätter
1 Eiweiß zum Bestreichen
Fett zum Ausbacken

Zubereitung

Klärfleischmischung
Das Poulardenfleisch durch die grobe Scheibe des Fleischwolfs drehen. Die Frühlingszwiebeln, das Zitronengras, Kaffirlimonen-Blätter, Ingwer, Limettenschale, Korianderblätter und Knoblauch fein schneiden.
Mit Salz würzen und unter die Masse das Eiweiß, die getrockneten Shiitakepilze und die Eiswürfel geben.
Die Klärfleischmischung in die Geflügelbrühe geben und unter mehrmaligem Rühren vorsichtig erhitzen. Einmal aufkochen und dann bei kleiner Flamme ca. 30 Minuten ziehen lassen. Die geklärte Geflügelsuppe nun durch ein feines Tuch passieren und auf die Hälfte einkochen lassen.

Einlage
Die Shiitakepilze in dünne Scheiben, die Frühlingszwiebeln in Ringe und die Mu Err-Pilze in feine Streifen schneiden. Die Nudeln zusammen mit den vorbereiteten Gemüsen in die Suppe geben, 3 Minuten ziehen lassen und mit frischem Koriander, Salz, Chili und Koriander aus der Gewürzmühle abschmecken.

Wan Tan
Die Geflügelfarce mit den restlichen Zutaten vermengen und mit Salz und Knoblauch abschmecken.
Die Wan Tan-Blätter auf ein Arbeitsbrett legen, mit dem verquirlten Eiweiß bestreichen. Die Farce auf die Wan Tan-Blätter verteilen und alle vier Ecken nach oben ziehen. Die Ränder fest andrücken. Anschließend in heißem Fett knusprig fritieren.

Suppe Wan Tan mit Shiitakepilzen, Frühlingszwiebeln und Korianderkraut

Mit Shiitake spricht der Lauch japanisch

Seeteufel ist des Kürbis Kern

Kürbisschaumsuppe mit Chili und gebeizter Seeteufel-Hummer-Roulade

Kürbisschaumsuppe mit Chili und gebeizter Seeteufel-Hummer-Roulade

Zutaten

Kürbisschaumsuppe
1 Muskatkürbis à ca. 450 g, gelbe Farbe
40 g Butter
60 g Schalottenwürfel
1 Knoblauchzehe, gehackt
½ TL Madras Curry-Pulver
100 ml Weißwein
600 ml Geflügelfond
200 g Schlagsahne
Salz, weißer Pfeffer
Muskatnuß, frisch gerieben
1 EL Crème fraîche
1 EL geschlagene Sahne
Salz, Pfeffer
Chili aus der Gewürzmühle

Gebeizte Seeteufelroulade
80 g Seeteufelfilet
30 ml Limonen-Oliven-Öl
1 TL Korianderkörner
2 Schalotten, in Scheiben geschnitten
1 Knoblauchzehe, geviertelt
2 Rosmarinzweige
2 Thymianzweige
1 Prise Salz
Zucker
2-4 Spinatblätter, blanchiert
2 gekochte Hummerscheren, ausgebrochen

Zubereitung

Kürbisschaumsuppe
Den Kürbis schälen, halbieren, die Kerne entfernen. Kürbis in kleine Würfel schneiden.
Die Butter im Topf schmelzen. Schalotten und Knoblauch darin glasig dünsten. Das gewürfelte Kürbisfleisch dazugeben, mit Curry bestäuben und mit Weißwein ablöschen. Geflügelfond und Sahne dazugießen. Die Suppe mit Salz, Pfeffer und Muskat würzen und bei milder Hitze etwa 30 Minuten köcheln lassen.
Anschließend mit dem Mixer aufmixen, durch ein Sieb passieren und Crème fraîche und geschlagene Sahne unterziehen.
Jetzt mit Salz, Pfeffer und gemahlenem Chili abschmecken und vor dem Servieren mit einem Stabmixer aufschäumen.

Gebeizte Seeteufelroulade
Das Seeteufelfilet ca. 12 Stunden in einer Beize aus Limonen-Oliven-Öl, Korianderkörnern, Schalottenscheiben, jungem Knoblauch, Rosmarin und Thymian einlegen und mit Salz und Zucker würzen.
Anschließend das Filet der Länge nach aufschneiden, plattieren und mit Spinat auslegen. Zwei Hummerscheren mittig plazieren und das Ganze nun in Klarsicht- und Alufolie einschlagen, aufrollen, fest zusammendrücken und ca. 5-6 Stunden einfrieren.

Jetzt auf einer Aufschnittmaschine in dünne Scheiben schneiden und auf die aufgeschäumte Kürbissuppe geben. Mit Kürbiskernöl und gerösteten Kürbiskernen garnieren.

Pestoschaumsuppe mit Beef Tatar und Ossietra Imperial Kaviar

Zutaten

Pestoschaumsuppe
30 g Butter
40 g Schalotten
½ TL Knoblauch, gehackt
350 ml Geflügelbrühe
300 g Sahne
Salz, Pfeffer
Muskat
3 EL geschlagene Sahne
5 EL Pesto

Beef Tatar
400 g Rinderfilet,
ohne Häute und Sehnen
Salz
Zucker
1 Schalotte
1 Sardellenfilet, eingelegt
40 g Cornichons
1 TL Kapern
1 Eigelb
½ TL Dijon-Senf
½ TL Ketchup
1 TL Petersilie, gehackt
1 Msp. Paprika, edelsüß
Salz, Pfeffer aus der Mühle
40 g Ossietra Royal Kaviar

Zubereitung

Pestoschaumsuppe
Butter in einem Topf erhitzen. Die Schalotten in Streifen schneiden und mit dem Knoblauch darin kurz anbraten. Mit Geflügelbrühe und Sahne auffüllen, aufkochen und etwas einkochen lassen. Mit Salz, Pfeffer und Muskat würzen. Die Suppe kurz vor dem Anrichten mit der geschlagenen Sahne und dem Pesto aufmixen.

Beef Tatar
Das Fleisch in kleine Würfel schneiden, mit Salz und Zucker würzen und 10 Minuten stehen lassen. Anschließend fein hacken.
Die Schalotte, das Sardellenfilet, die Cornichons und die Kapern fein hacken, zusammen mit dem Eigelb und dem Fleisch gut vermischen.
Das Tatar mit Senf, Ketchup, Petersilie und den Gewürzen pikant abschmecken. Zu kleinen Laibchen formen und diese in einer heißen Pfanne von einer Seite kurz anbraten, in die aufgeschäumte Pestosuppe geben und mit Ossietra Imperial Kaviar garnieren.

Pestoschaumsuppe mit Beef Tatar und Ossietra Imperial Kaviar

Kaviar - Schmuck von grauen Perlen auf nacktem Fleisch

Das Mikado der starren Spaghetti wandelt sich in Nudel-Rundes

Hummer-Spaghetti-Savarin mit Blumenkohl-Safran-Fumet

Hummer-Spaghetti-Savarin mit Blumenkohl-Safran-Fumet

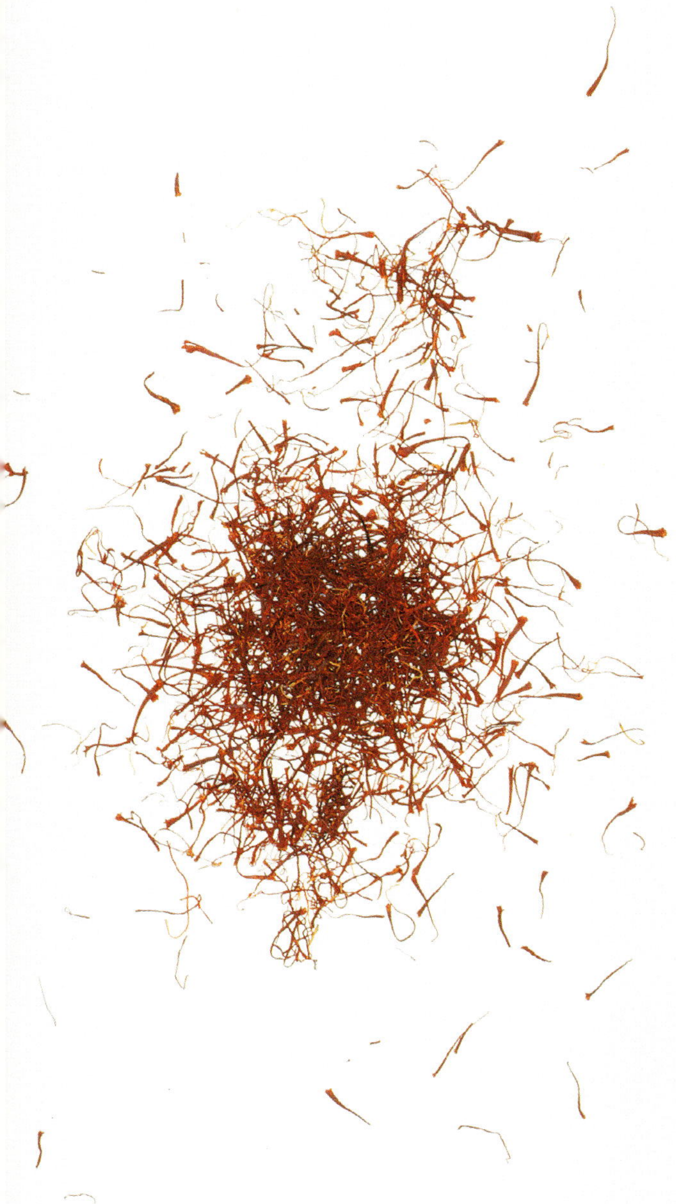

Zutaten

Hummer-Spaghetti-Savarin
80 g Spaghettinudeln, gekocht
150 g Fischfarce
100 g Hummerfleisch, in kleine Würfel geschnitten
2 EL geschlagene Sahne

Blumenkohl-Safran-Fumet
200 ml Fischfond
1 Msp. Safranfäden
Salz, Pfeffer
etwas Speisestärke
150 g Blumenkohlröschen, gegart
3 EL Tomatenwürfel
½ EL Estragon
40 g Butter, zerlassen
4 mal ½ Hummerschwanz, abgekocht
etwas Kaviar
Estragonblättchen

Zubereitung

Hummer-Spaghetti-Savarin
Vier Savarinformen (Durchmesser 8 cm) ausbuttern und mit den Spaghetti gleichmäßig von unten nach oben auslegen.
Die fertige Fischfarce mit dem Hummerfleisch vermischen und etwas geschlagene Sahne unterheben. Anschließend die fertige Farce in die Förmchen einfüllen, im Wasserbad bei 140° C ca. 10-12 Minuten pochieren.

Blumenkohl-Safran-Fumet
Den Fischfond mit den Safranfäden auf ca. die Hälfte reduzieren, mit Salz und Pfeffer abschmecken, mit etwas in kaltem Wasser angerührter Speisestärke binden und passieren.
Die bißfest gegarten Blumenkohlröschen in den Fischfond geben, einmal aufkochen lassen und mit den Tomatenwürfeln und dem in Streifen geschnittenen Estragon vollenden.

Die gestürzten Savarins zusammen mit dem Blumenkohl-Safran-Fumet und mit in zerlassener Butter erwärmten halbem Hummerschwanz anrichten, mit Kaviar und Estragon garnieren.

Gänsestopfleber in Blätterteig mit Pekannüssen und Hagebuttenvinaigrette

Zutaten

Gänsestopfleber in Blätterteig
4 Scheiben Gänsestopfleber
à 60-80 g
etwas Mehl
1 EL Butterschmalz
Salz
100 g Blätterteigplatte
4 EL Hagebuttenmark
4 EL Pekannüsse, gehackt
1 Eigelb, verquirlt

Hagebuttenvinaigrette
100 ml Geflügelfond, abgeschmeckt
4 EL Hagebuttenmark
4 EL Pekannüsse, gehackt
1 EL dunkler alter Balsamicoessig
3 EL Walnußöl
1 TL Champagneressig
1 TL Sojasauce
Salz, Pfeffer aus der Mühle

Zubereitung

Gänsestopfleber in Blätterteig
Die Gänsestopfleberscheiben in Mehl wenden, gut abklopfen und in einer sehr heißen Pfanne in wenig Butterschmalz von beiden Seiten kurz anbraten. Herausnehmen, salzen und kalt stellen. Den Blätterteig leicht ausrollen, in vier gleichmäßige Rechtecke portionieren. Die erkalteten Gänsestopfleberscheiben mit Hagebuttenmark einstreichen, mit gehackten Pekannüssen bestreuen und in den Blätterteig einschlagen. Dabei die Enden mit verquirltem Eigelb bepinseln. Das Ganze im vorgeheizten Backofen bei 225° C ca. 10-12 Minuten backen.

Hagebuttenvinaigrette
Den Geflügelfond mit Hagebuttenmark und Pekannüssen anrühren, mit Balsamicoessig, Walnußöl, Champagneressig, Sojasauce, Salz und Pfeffer abschmecken und zu dergebackenen Gänsestopfleber servieren.
Mit Salatspitzen und Kerbelblättchen garnieren.

Gänsestopfleber in Blätterteig mit Pekannüssen und Hagebuttenvinaigrette

Hagebutten, die Rosenfrüchte, lassen die Gänseleber erblühen

Was Jakobsmuschel und schwarze Trüffel zu glücklicher Verbindung brauchen: Lauch

Gratin von Jakobsmuscheln und schwarzer Trüffel mit gebackenem Lauch

Überbackene Kohlrabitarte mit glasierten Kalbsbriesröschen in altem Balsamicoessig

Kesser Kohlrabi, bevor er stiften geht

Kein Ei gleicht dem anderen – nur im Rührei sind sie gleich

Thymiangnocchi mit Büsumer Krabbenrührei und Feldsalat

Thymiangnocchi mit Büsumer Krabbenrührei und Feldsalat

Zubereitung

Gnocchi
Aus Milch, Butter, Mehl, Eiern und Eigelben einen Brandteig herstellen. Diesen mit gekochten, durch die Presse gedrückten Kartoffeln und Backpulver vermischen und zu einem homogenen Teig verkneten. Mit Salz, Pfeffer und Muskatnuß würzen und den gezupften Thymian unterheben. Aus diesem Kartoffelteig gleichmäßige Gnocchi formen, in kochendes Salzwasser geben, ca. 8 Minuten garziehen lassen, in Eiswasser abschrecken und abtropfen lassen.

Die Kartoffelgnocchi in einer Pfanne in heißem Butterschmalz von beiden Seiten gleichmäßig anbraten.

Krabbenrührei
In die Pfanne mit den angebratenen Thymiangnocchi nun die mit Sahne verquirlten Eier geben, leicht stocken lassen. Die Büsumer Krabben hinzugeben und mit Salz und Pfeffer würzen.

Anrichten auf Tellern, mit frischen Schnittlauchspitzen bestreuen und mit Feldsalat, der mit Limonen-Olivenöl mariniert wurde, garnieren.

Zutaten

Gnocchi
8 EL Milch
50 g Butter
100 g Mehl
2 Eier, 3 Eigelb
300 g Kartoffeln, mehlig kochend
½ EL Thymian, gezupft
1 Msp. Backpulver
Salz, Pfeffer aus der Mühle
Muskatnuß, gerieben
3 EL Butterschmalz

Krabbenrührei
120 g Büsumer Krabben
6 Eier
5 EL geschlagene Sahne
Salz, Pfeffer

4 EL Schnittlauchspitzen
Feldsalat
Limonen-Olivenöl

Zutaten

Gebrannte Vanillecrème
3 Eigelb
50 g Zucker
Mark von ½ Vanilleschote
100 ml Milch
250 g Sahne
30 g brauner Zucker

Gänsestopfleberscheiben und Apfelspalten
4 Scheiben Gänsestopfleber à 60-80 g
etwas Mehl
1 EL Butterschmalz
12 Apfelspalten
60 ml Balsamicoessig
ca. 120 ml Kalbsfond (reduziert)
ca. 20 g Butter
etwas Rucola für die Garnitur

Zubereitung

Gebrannte Vanillecrème
Eigelb und Zucker verquirlen.
Vanillemark, Milch und Sahne aufkochen und mit dem Eigelb verrühren. Über einem heißen Wasserbad aufschlagen, bis die Masse bindet.
Durch ein Sieb passieren, auf vier Teller gleichmäßig verteilen und in den vorgeheizten Backofen bei 90° C für ca. 40-45 Minuten schieben. Herausnehmen und abkühlen lassen.
Mit braunem Zucker bestreuen und abflämmen, so daß sich eine schöne Karamelschicht bildet.

Gänsestopfleberscheiben und Apfelspalten
Die Gänsestopfleberscheiben in Mehl wenden, gut abklopfen und in einer sehr heißen Pfanne in Butterschmalz von beiden Seiten gut anbraten. Aus der Pfanne nehmen, warm stellen, das Bratfett wegschütten. Die Apfelspalten kurz anbraten, mit Essig ablöschen, mit braunem Kalbsfond auffüllen und die Sauce sämig einkochen lassen. Die Butter zur Bindung einrühren.

Die Gänseleber auf der gebrannten Vanillecrème zusammen mit den Apfelspalten anrichten, mit der Sauce überziehen und dekorativ mit Rucola garnieren.

Gebrannte Vanillecrème mit gebratener Gänsestopfleberscheibe und Apfelspalten

Gebrannte Vanillecrème mit gebratener Gänsestopfleberscheibe und Apfelspalten

Vanilleschoten aus der Karibik geben der Gänseleber die extravagante Note

Koriander heißt der Duft Thailands

Riesengarnele in Kartoffelspaghetti, Hummer-Wan Tan und Edelfischfrühlingsröllchen auf Singapurnudeln in thailändischem Sud

Zutaten

Riesengarnelen in Kartoffelspaghetti
8 Riesengarnelen, küchenfertig
1 gr. Kartoffel, mehlig kochend
Salz, Pfeffer aus der Mühle
3 EL Pflanzenöl

Hummer-Wan Tan
60 g Hummerfleisch
1 TL Oystersauce
1 TL Sweet Chili-Sauce
3 TL Hummerfarce
1 TL Koriander, fein gehackt
½ TL Knoblauch, fein gehackt
Salz
4 Wan Tan-Blätter
1 Eigelb zum Bestreichen

Edelfischfrühlingsröllchen
60 g Steinbuttfilet
1 Prise Kurkuma
1 Prise Curry
1 TL Sweet Chili-Sauce
1 TL Sojasauce
1 TL Koriander, fein gehackt
1 TL Ingwer, fein gehackt
3 TL Fischfarce
Salz
4 Frühlingsrollenblätter
1 Eigelb zum Bestreichen
1 l Öl zum Fritieren

Singapurnudeln
2 EL Sesamöl
30 g rote Paprika, geschält
30 g grüne Paprika, geschält
30 g gelbe Paprika, geschält
30 g Mu Err-Pilze
30 g Chinakohl
30 g Mangold
120 g feine asiatische Eiernudeln
2 EL Knoblauch, fein gehackt
2 EL Oystersauce
2 EL Sweet Chili-Sauce
2 EL Ingwer, fein gehackt
½ TL Curry
½ TL Kurkuma
Salz

Thailändischer Sud
200 ml Hummerfond
1 TL Knoblauchpüree
1 TL Ingwerpüree
½ TL Currypulver
½ TL Kurkumapulver
½ TL Chilisauce
40 g kalte Butter
1 EL Korianderkraut

Zubereitung

Riesengarnelen in Kartoffelspaghetti
Die Riesengarnelen gut auswaschen und abtrocknen.
Die Kartoffel schälen, in eine spezielle Kartoffel-Gemüse-Maschine einlegen und zu langen Kartoffelspaghetti drehen.
Die Riesengarnelen mit Salz und Pfeffer aus der Mühle würzen und in die Kartoffelspaghetti einwickeln. In heißem Pflanzenöl die Riesengarnelen goldbraun braten, so daß die Kartoffeln außen knusprig sind und die Riesengarnelen in der Mitte schön saftig bleiben.

Hummer-Wan Tan
Das Hummerfleisch in kleine Würfel schneiden. Mit Oyster-, Sweet Chili-Sauce, Hummerfarce, Koriander, Knoblauch und Salz gut vermischen. Diese Masse nun auf den Wan Tan-Blättern verteilen, den Rand mit dem Eigelb bestreichen und jeweils alle vier Spitzen in der Mitte zusammendrücken, ebenso die Ränder.

Edelfischfrühlingsröllchen
Das Steinbuttfilet in kleine Würfel schneiden. Mit Kurkuma, Curry, Sweet Chili-Sauce, Sojasauce, Koriander, Ingwer und der Fischfarce gut vermischen, mit Salz würzen.
Die Teigblätter ausbreiten, die Fischmasse darauf verteilen. Ränder mit Eigelb bestreichen und der Länge nach zusammenrollen. Die Ränder rechts und links dabei einschlagen, damit die Füllung nicht herauslaufen oder sich mit Fett vollsaugen kann.

Das Öl in einem Topf erhitzen und darin die Edelfischfrühlingsröllchen und die Wan Tan goldgelb bei ca. 170° C ausbacken. Auf Küchenpapier gut abtropfen lassen.

Singapurnudeln
Das Sesamöl in einer ausreichend großen Pfanne stark erhitzen, den geschälten und in feine Streifen geschnittenen Paprika zugeben. Danach die eingeweichten und gut ausgedrückten Mu Err-Pilze dazugeben und kurz mitrösten.
Den Chinakohl und den Mangold vom Strunk befreien, in feine Streifen schneiden und zu dem Gemüse in die Pfanne geben. Die abgekochten Nudeln zufügen, mit Knoblauch, Oyster-, Sweet Chili-Sauce, Ingwer, Curry, Kurkuma und Salz würzen. Alles gut vermischen.

Thailändischer Sud
Den Hummerfond mit allen Gewürzen auf ca. ein Drittel einkochen lassen. Eiskalte Butterstückchen daruntermixen, gehacktes Korianderkraut dazugeben, kurz ziehen lassen und das Gericht damit sofort servieren.

Riesengarnele in Kartoffelspaghetti, Hummer-Wan Tan und Edelfischfrühlingsröllchen auf Singapurnudeln in thailändischem Sud

Zutaten

Pochierter St. Petersfisch
1 Chilischote
½ Ingwerknolle
4 Schalotten, geschält
etwas Sesamöl
250 ml Kokosmilch, ungezuckert
4 Kaffirlimonenblätter
Salz
Zucker
4 St. Petersfischfilets à 100 g
(ohne Haut)

Marinierte Glasnudeln
100 g Glasnudeln
1 TL Oystersauce
1 TL Fischsauce
1 EL Sesamöl
Koriander, gemahlen
Salz

1 EL geschlagene Sahne
Chili aus der Gewürzmühle
Korianderblätter für die Garnitur
Rote Bete-Chips für die Garnitur

Pochierter St. Petersfisch in Kokosnußmilch auf marinierten Glasnudeln mit Korianderkraut

Zubereitung

Pochierter St. Petersfisch
Chilischote, Ingwer und Schalotten grob schneiden. Alles in etwas Sesamöl anschwitzen.
Mit Kokosmilch auffüllen.
Die Kaffirlimonenblätter zufügen und mit Salz und Zucker würzen.
Die Fischfilets in ein breites Geschirr setzen, mit dem heißen Kokossud übergießen und im Backofen bei 160° C ca. 8-10 Minuten langsam garen.

Marinierte Glasnudeln
Die Glasnudeln in heißem Wasser 10 Minuten einweichen. Danach abschütten und mit Oystersauce, Fischsauce, Sesamöl und gemahlenem Koriander marinieren.
Salzen und auf Tellern anrichten.

Den Fisch daraufsetzen, den Fond passieren, mit der Sahne schaumig mixen und den St. Petersfisch damit überziehen. Mit etwas Chili aus der Gewürzmühle würzen und mit gezupften Korianderblättern und Rote Bete-Chips garnieren.

Pochierter St. Petersfisch in Kokosnußmilch auf marinierten Glasnudeln mit Korianderkraut

Die Glasnudel trinkt den Saft der Fisch- und Oystermarinade

Auf der Schalotten-Brücke von der Seezunge zum Spinat

Gefüllte Seezunge mit Schalottenspinat und Hummer-Zitronengras-Schaum

Gefüllte Seezunge mit Schalottenspinat und Hummer-Zitronengras-Schaum

Zutaten

Gefüllte Seezunge
4 Seezungenfilets, mittelgroß, à ca. 80 g
Salz, Pfeffer aus der Mühle
4 EL Hummerfarce
40 g Hummerfleisch, gewürfelt
1 EL geschlagene Sahne
200 ml Fischfond
1 Schalotte, geschält und in Streifen geschnitten
1 Knoblauchzehe, geviertelt
20 g Ingwerknolle, in Streifen geschnitten
3 Zitronengrashalme, kleingeschnitten

Hummer-Zitronengras-Schaum
200 ml Hummerfond
100 g frisches Zitronengras
70 g Sahne
Saft von 2 Limetten
Salz, Pfeffer
Zucker
50 g eiskalte Butter
1 EL geschlagene Sahne

Schalottenspinat
4 EL Schalottenwürfel
1 Knoblauchzehe, gehackt
30 g Butter
400 g Spinatblätter, blanchiert
Salz, Pfeffer aus der Mühle
Muskatnuß, gerieben

ca. 40 g fritierter Lauch

Zubereitung

Gefüllte Seezunge
Die Seezungenfilets, mit der Seite der abgezogenen Haut nach oben, auf ein Küchenbrett legen. Mit Salz und Pfeffer würzen. Die Hummerfarce mit dem gewürfelten Hummerfleisch vermischen und die geschlagene Sahne unterheben. Die fertige Farce gleichmäßig auf die vier Filets verteilen, zur Hälfte der Länge nach einschlagen und die Ränder vorsichtig glattstreichen. Den Fischfond mit Schalotten, Knoblauch, Ingwer und Zitronengras in einen Topf geben und aufkochen lassen. Die gefüllten Seezungenfilets in einen Dünsteinsatz oder auf ein Sieb legen. Dieses über den dampfenden Fischfond setzen. Das Ganze mit einem Deckel verschließen und dann langsam ca. 8-10 Minuten imDampf garen.

Hummer-Zitronengras-Schaum
Den Hummerfond aufkochen. Das Zitronengras mit Hilfe einer Schere kleinschneiden und dazugeben. Mit der Sahne aufgießen und ca. 10 Minuten sanft köcheln lassen.
Anschließend durch ein Sieb passieren und den Limettensaft zugeben.
Mit Salz, Pfeffer und Zucker abschmecken und mit Butter und geschlagener Sahne schaumig aufmixen.

Schalottenspinat
Schalottenwürfel und gehackten Knoblauch in Butter anschwitzen, Spinatblätter mit einschwenken und mit Salz, Pfeffer und wenig Muskatnuß würzen.
Auf Tellern anrichten, die gedämpften Seezungenfilets daraufsetzen, mit dem Hummer-Zitronengras-Schaum nappieren und mit etwas fritiertem Lauch garnieren.

Zutaten

4 Zanderfilets, enthäutet, à 120 g
Salz
½ Zitrone

Kartoffelschuppen
2 mittelgroße Kartoffeln (wenn möglich Sorte Gloria, wegen der Stärke)
1 Eigelb, verquirlt
1 EL flüssige Butter
½ EL Butterschmalz zum Braten
1 Schalotte, in Scheiben geschnitten
1 Knoblauchzehe, geviertelt
2 Thymianzweige
2 Rosmarinzweige
Salz, Pfeffer aus der Mühle

Balsamicolinsen
120 g braune Berglinsen
20 g Butter
30 g Schalottenwürfel
25 ml Balsamico, 12 Jahre alt
250 ml Gemüsebrühe
Salz, Pfeffer aus der Mühle
30 g Butter
etwas Petersilie, gehackt

Zubereitung

Zanderfilets unter fließendem kalten Wasser abspülen, trockentupfen, mit Salz und Zitrone abreiben.

Kartoffelschuppen
Die Kartoffeln schälen, waschen und in 1 mm dicke Scheiben schneiden. Mit einem Ausstecher etwa 1,5 cm runde Kreise ausstechen, die Zanderfilets mit verquirltem Eigelb bestreichen und mit den Kartoffelscheiben schuppenartig belegen. Mit flüssiger Butter einpinseln und in den Kühlschrank stellen, bis die Butter fest geworden ist. Die Filets mit der Kartoffelseite in einer Pfanne im heißen Butterschmalz anbraten, Farbe annehmen lassen und die Aromaten in die Pfanne mit einschwenken. Den Fisch vorsichtig umdrehen und dann in den auf 200° C vorgeheizten Backofen für 3-5 Minuten schieben.
Danach die Kartoffeln mit Salz und Pfeffer würzen.

Balsamicolinsen
Die Linsen über Nacht in Wasser einweichen. Die Schalottenwürfel in Butter anschwitzen und die abgetropften Linsen dazugeben. Mit dem Balsamico ablöschen, mit der Brühe aufgießen und etwa 30 Minuten köcheln lassen, bis die Linsen gar sind.
Die Linsen mit Salz und Pfeffer würzen, mit Butter abschmecken. Eventuell etwas gehackte Petersilie hinzufügen.

Zanderfilet mit Kartoffelschuppen auf sauren Berglinsen mit weißem Balsamicoschaum

Zanderfilet mit Kartoffelschuppen auf sauren Linsen mit weißem Balsamicoschaum

Was gibt der Zander für ein Linsengericht?

Im groben Meersalzpanzer träumt der feine Fisch von der See

Loup de mer in der Salzkruste mit Tomaten-Estragon-Vinaigrette und Lauchravioli

Zutaten

Loup de mer in der Salzkruste
1 Loup de mer, küchenfertig
mit Kopf, ca. 2 kg
3 Thymianzweige
3 Rosmarinzweige
2 Knoblauchzehen, in Scheiben geschnitten
3 Schalotten, in Scheiben geschnitten
2,5 kg grobes Meersalz
200 g Eiweiß (von ca. 6 Eiern)
100 ml Wasser
150 g Mehl

Tomaten-Estragon-Vinaigrette
2 EL Schalottenwürfel
4 EL Olivenöl
Saft von 1 Limette
50 ml klarer Tomatenfond
200 g Tomatenwürfel
1 EL Estragon, gehackt
Salz, Pfeffer

Lauchravioli
12 Wan Tan-Blätter
ca. 120 g Kartoffel-Lauch-Püree
(80 g Kartoffelpüree mit 40 g Lauchpaste gemischt)
1 Eigelb, verquirlt

Zubereitung

Loup de mer in der Salzkruste
Den Fisch mit Kräutern, Knoblauch- und Schalottenscheiben füllen und zustecken. Das Salz mit Eiweiß, Wasser und Mehl mischen. Die Hälfte der Masse auf ein Blech geben, den Fisch daraufbetten und mit der anderen Hälfte des Salzteigs bedecken. Der Kopf kann frei bleiben. Bei 200° C für ca. 50 Minuten in den Backofen schieben. Am Tisch einen Salzdeckel abschneiden und das Filet auslösen.

Tomaten-Estragon-Vinaigrette
Die Schalottenwürfel in Olivenöl anschwitzen, mit Limettenensaft und Tomatenfond ablöschen, einmal aufkochen, vom Herd nehmen. Die Tomatenwürfel und den Estragon zugeben, vorsichtig durchschwenken. Mit Salz und Pfeffer würzen.

Lauchravioli
Die Wan Tan-Blätter auslegen und in die Mitte die Kartoffel-Lauch-Füllung geben. Den Rand mit verquirltem Eigelb bestreichen, über Eck zusammenlegen und den Rand mit bemehlten Fingern festdrücken. In kochendes Salzwasser geben und bei milder Hitze ca. 5 Minuten ziehen lassen. Herausnehmen und zusammen mit der Tomaten-Estragon-Vinaigrette zu dem filierten Loup de mer servieren.

Loup de mer in der Salzkruste mit Tomaten-Estragon-Vinaigrette und Lauchravioli

Tomaten-Estragon-Tortellini in klarem Tomatensud mit gratiniertem Rotbarbenfilet

Zubereitung

Tomaten-Estragon-Tortellini
Schalottenwürfel in Olivenöl anschwitzen. Die gehackte Knoblauchzehe dazugeben. Die Tomatenwürfel ebenfalls zugeben, vorsichtig vermischen und auskühlen lassen.
Den Ricotta durch ein Sieb streichen und mit dem Tomatenmark, dem Eigelb und dem geriebenen Weißbrot verrühren. Die ausgekühlten Tomatenwürfel zugeben und mit Salz, Pfeffer und Estragon abschmecken.
Den Nudelteig dünn ausrollen und in gleichmäßig große Quadrate schneiden. In die Mitte die Ricottamasse verteilen. Den Rand mit verquirltem Eigelb bestreichen, über Eck zusammenlegen, den Rand festdrücken und zu Tortellini formen. In kochendem Salzwasser bei milder Hitze garen.
Den Tomatenfond erhitzen und die gegarten Tortellini als Einlage dazugeben.

Rotbarbenfilets
Die Rotbarbenfilets mit Salz und Pfeffer würzen und mit der Hautseite zuerst in heißem Olivenöl anbraten.
Die Filets umdrehen und zuerst mit geriebenem Weißbrot und dann mit Thymianblättchen bestreuen.
Dünne Butterscheiben gleichmäßig auf den Filets verteilen und unter dem Salamander überkrusten.
In dem Tomatensud mit den Tortellini anrichten und mit Estragonzweigen garnieren.

Zutaten

Tomaten-Estragon-Tortellini
4 EL Schalotten, gewürfelt
4 EL Olivenöl
1 Knoblauchzehe, gehackt
4 EL Tomatenwürfel
100 g Ricotta
1 EL Tomatenmark
1 Eigelb
2 EL Weißbrot, gerieben
Salz, Pfeffer
½ EL Estragon, gehackt
150 g Nudelteig
1 Eigelb, verquirlt
400 ml klarer Tomatenfond

Rotbarbenfilets
8 Rotbarbenfilets, küchenfertig, à ca. 80 g
Salz, Pfeffer aus der Mühle
4 EL Olivenöl
4 EL Weißbrot, gerieben
1 EL Thymianblättchen, gezupft
40 g eiskalte Butter
4 Estragonzweige

Tomaten-Estragon-Tortellini in klarem Tomatensud mit gratiniertem Rotbarbenfilet

Bald schon sieht die Rotbarbe klar

Das Weiß der Unschuld – mit der Petersilienwurzel ist alles in Butter

Roulade aus Mittelmeerlotte und geschmortem mediterranen Gemüse mit Petersilienwurzel

Zutaten

1 Seeteufelfilet (Lotte), ca. 300 g
4 Mangoldblätter, blanchiert und ohne Stiel
2 rote Paprikaschoten, halbiert, geschmort und enthäutet
2 gelbe Paprikaschoten, halbiert, geschmort und enthäutet
½ grüne Zucchini, längs in ca. 4 mm dicke Scheiben geschnitten und angebraten
½ Aubergine, längs in ca. 4 mm dicke Scheiben geschnitten und angebraten
100 g Fischfarce
Salz, Pfeffer aus der Mühle
3 EL Olivenöl

Petersilienwurzel
350 g kleine Petersilienwurzeln mit Grün
30 g Butter
Salz, Pfeffer
100 ml Fischvelouté
2 EL Petersilienpaste
2 EL geschlagene Sahne
ca. 40 g Petersilienblättchen, gebacken

Zubereitung

Das Lottefilet parieren, alle dunklen Stellen und Häute entfernen.
Mit den blanchierten Mangoldblättern eine Matte auslegen und die geschmorten bzw. gebratenen Paprika, Zucchini- und Auberginenscheiben gleichmäßig abwechselnd darauf verteilen.
Das Ganze mit Fischfarce dünn einstreichen und das Lottefilet mittig plazieren.
Nun zu einer Roulade aufrollen, dabei die Enden und Ecken mit der restlichen Farce zustreichen.
Das Ganze in Klarsichtfolie und Alufolie fest einrollen und gut pressen.
Anschließend ca. 1 Stunde durchkühlen und dann mit der Folie in gleichmäßige Scheiben schneiden. Folien entfernen.
Die Scheiben mit Salz und Pfeffer würzen und in heißem Olivenöl von beiden Seiten vorsichtig anbraten. Im vorgeheizten Backofen bei 160° C ca. 7-8 Minuten garen, kurz ruhen lassen.

Petersilienwurzel
Die Petersilienwurzeln schälen, blanchieren, in Butter anschwenken, mit Salz und Pfeffer würzen und auf Teller anrichten.
Fischvelouté aufkochen, mit Petersilienpaste und geschlagener Sahne schaumig aufmixen, mit Salz und Pfeffer abschmecken.

Die Seeteufelrouladenscheiben auf die Petersilienwurzeln setzen und mit der Petersilienschaumsauce und gebackenen Petersilienblättchen servieren.

Roulade aus Mittelmeerlotte und geschmortem mediterranen Gemüse mit Petersilienwurzel

Steinbutt in der Kaffirlimonenkruste mit gegrillter Mango und Pekannuß-Chili-Sauce

Zutaten

8 Steinbuttfilets à 70 g
Salz
Koriander aus der Gewürzmühle
60 g Butter
1 EL Limonen-Olivenöl
1 TL Kaffirlimonenblätter, gehackt
Salz, Pfeffer aus der Mühle
Koriander, gemahlen
Chili, gemahlen
60 g Weißbrot, gerieben
1 Pattaya-Mango
1 TL Sesamöl

Pekannuß-Chili-Vinaigrette
100 ml Fischfond, leicht abgebunden
50 g Pekannußkerne
2 Kaffirlimonenblätter,
in feine Streifen geschnitten
Salz
Chili aus der Gewürzmühle

Zubereitung

Die Fischfilets mit Salz und gemahlenem Koriander würzen.
In heißem Butterschmalz von beiden Seiten kurz mit Farbe anbraten, herausnehmen und warm stellen.
Die Butter schaumig schlagen, mit Limonen-Olivenöl, Kaffirlimonenblättern, Salz, Pfeffer, gemahlenem Koriander und Chili abschmecken.
Zum Schluß das Weißbrot dazugeben und gut unterrühren.
Die Masse auf die gebratenen Steinbuttfilets streichen und im Salamander goldgelb gratinieren.
Eine Mango schälen, auf der Aufschnittmaschine vier gleichmäßige Scheiben schneiden. Diese in einer Grillpfanne in wenig Sesamöl von einer Seite braten und vorsichtig herausnehmen. Mit dem Grillmuster nach oben auf Teller anrichten, den gratinierten Steinbutt versetzt daraufsetzen.

Pekannuß-Chili-Vinaigrette
Aus Fischfond, gerösteten Pekannußkernen, Kaffirlimonenblättern, Salz und gemahlenem Chili eine Sauce herstellen und zu dem Steinbutt servieren.

Steinbutt in der Kaffirlimonenkruste mit gegrillter Mango und Pekannuß-Chili-Sauce

Die Pattaya-Mango muß scheibchenweise auf den Grill

Zucchiniblüten: Ins gelbe Abendkleid hüllt sich der Pilz

Gekräuterte Angus-Rinderlende auf Topinamburgratin mit gebackener Zucchiniblüte und Pflaumenweinsauce

Zubereitung

Gekräuterte Angus-Rinderlende
Das parierte Rinderfilet der Länge nach aufschneiden, plattieren und mit den gehackten Kräutern einstreichen. Zu einer Roulade zusammenrollen und mit Küchengarn binden. Mit Salz und Pfeffer würzen und in einer heißen Pfanne in Butterschmalz von allen Seiten gut anbraten. Schalotten, Thymian- und Rosmarinzweige beigeben.
Das Fleisch herausnehmen und zusammen mit den Aromaten auf ein mit Alufolie ausgelegtes Backblech geben. Nun in den vorgeheizten Backofen bei ca. 150° C geben und ca. 25-30 Minuten garen lassen. Anschließend herausnehmen und ruhen lassen.

Gebackene Zucchiniblüte
Die Zucchini mit den Blüten waschen und sehr gut trockentupfen. Die Narbe mit den Staubgefäßen im Inneren der Zucchiniblüte mit einer Pinzette abknipsen.
Anschließend Sesamöl in einer Pfanne erhitzen, die von den Stielen befreiten Shiitakepilzkappen darin von beiden Seiten heiß anrösten, herausnehmen und auf einem Küchentuch abtropfen lassen. Die Pilze mit Hilfe eines schweren Gegenstandes ca. 10 Minuten lang pressen, anschließend mit etwas Sojasauce würzen.
Danach jeweils ca. 6 Pilze übereinanderlappend zu einer kleinen Bahn auslegen. Geputzte Sojasprossen in die Mitte quer daraufsetzen und die Pilzkappen von links nach rechts zu kleinen Rouladen aufrollen. Diese Rouladen gut zusammendrücken und damit die Zucchiniblüten vorsichtig füllen.
Die Blütenenden behutsam mit je zwei Zahnhölzchen zusammenstecken, so daß sie beim Fritieren nicht wieder aufplatzen.
Die gefüllten Zucchiniblüten, die man vorher leicht mehliert hat, durch den Tempurateig ziehen und in heißem Fett schwimmend knusprig ca. 3-4 Minuten ausbacken.
Jetzt die Hölzchen wieder entfernen und die Blüte in der Mitte schräg aufschneiden.

Pflaumenweinsauce
Zucker in einem Topf leicht karamelisieren lassen. Die roten Zwiebeln in feine Streifen geschnitten dazugeben und anrösten. Gehackte Knoblauchzehe, gehackten Ingwer, Hoisinsauce, Plumsauce und Five Spice-Gewürz dazugeben, alles gut vermischen. Mit Pflaumenwein, Cassissaft und Cassislikör auffüllen und auf ein Drittel reduzieren lassen.
Die halbierten und entkernten Pflaumen zugeben und darin weich kochen.
Die Sauce durch ein Spitzsieb passieren und auf die gewünschte Konsistenz einkochen lassen.
Holundersaft und Shiriacasauce dazugeben. Falls nötig mit etwas Salz nachschmecken.
(Die Spezialsaucen sind in Asialäden zu beziehen.)

Topinamburgratin
Die Topinamburknollen schälen, in ca. 3 mm dünne Scheiben schneiden, in eine ausgebutterte Form einschichten und mit reduzierter Sahne, die mit Salz und gemahlenem Koriander abgeschmeckt wurde, übergießen. In den vorgeheizten Backofen bei 220° C für ca. 40 Minuten schieben.
Das Topinamburgratin zusammen mit den Zucchiniblüten auf Tellern anrichten, mit dem tranchierten Rinderfilet und der Pflaumenweinsauce servieren.

Zutaten

Gekräuterte Angus-Rinderlende
600 g Rinderlende, pariert
4 EL Kräuter, gehackt (Petersilie, Koriander, Thymian, Estragon)
Salz, Pfeffer aus der Mühle
ca. 1 EL Butterschmalz
2 Schalotten, geschält und geviertelt
2 Thymianzweige
2 Rosmarinzweige

Gebackene Zucchiniblüte
4 kl. Zucchini mit Blüten
3 EL Sesamöl
150 g Shiitakepilzkappen
2 EL Sojasauce
30 g Sojasprossen
8 kl. Zahnhölzchen
etwas Mehl
120 g Tempurateig, angerührt
500 ml Maiskeimöl zum Fritieren

Pflaumenweinsauce
40 g Zucker
150 g rote Zwiebeln, fein geschnitten
1 Knoblauchzehe, gehackt
1 EL Ingwer, gehackt
175 ml Hoisinsauce
100 ml Plumsauce
2 TL Five Spice-Gewürz
500 ml Pflaumenwein
200 ml Cassissaft
100 ml Cassislikör
500 g Pflaumen
100 ml Holundersaft
etwas Shiriacasauce (scharfe Chili-Sauce)
Salz

Topinamburgratin
350 g Topinamburknollen
etwas Butter für die Form
150 g reduzierte Sahne
Salz
Koriander aus der Gewürzmühle

Gekräuterte Angus-Rinderlende auf Topinamburgratin mit gebackener Zucchiniblüte und Pflaumenweinsauce

Zubereitung

Lammcarré im Gemüse-Crêpe-Mantel
Die Lammcarrés mit Salz und Pfeffer würzen und in heißem Olivenöl von beiden Seiten kurz mit Rosmarin und Thymian anbraten.
Für die Crêperoulade die vorbereiteten Pfannkuchen auf einer Arbeitsfläche ausbreiten.
Mit den vorbereiteten Gemüsen der Reihe nach belegen und zwischendurch mit Geflügelfarce einstreichen.
Zum Schluß mit Mangoldblättern abschließen und das Ganze zu einer Roulade eng aufrollen.
In Klarsicht- und Alufolie einschlagen, gut pressen und im Wasserbad ca. 10 Minuten pochieren. Abkühlen lassen und in dünne Scheiben schneiden.
Diese nun auf ausgebreitetem Schweinenetz auslegen, mit etwas Farce dünn bestreichen und das angebratene Lammcarré daraufsetzen. Das Ganze gut einschlagen und in heißem Olivenöl vorsichtig mit etwas Farbe anbraten. Auf ein mit Alufolie ausgelegtes Backblech setzen und in den vorgeheizten Backofen bei 160° C für ca. 15-20 Minuten schieben. Herausnehmen und warm stellen.

Spitzkohlstrudel
Den Spitzkohl putzen und in feine Streifen schneiden.
Die Kartoffeln waschen, schälen und grob reiben.
Das Butterschmalz in einer Pfanne erhitzen und die Kartoffeln darin anbraten. Die Schalottenwürfel beigeben und kurz mit anschwenken. Den Spitzkohl zufügen und ca. 5 Minuten ziehen lassen. Das Ganze von der Flamme nehmen, mit Salz, Pfeffer und Thymian würzen. Den Schmand zugeben und auskühlen lassen.
Den Strudelteig flach auslegen und mit der flüssigen Butter bestreichen. Falls nötig, die Füllung etwas ausdrücken und auf dem Strudelteig verteilen. Nun einrollen und auf ein mit Backpapier ausgelegtes Backblech geben. Den Strudel im vorgeheizten Backofen bei 180° C ca. 25 Minuten backen.

Olivenölsabayon
Das Eigelb mit dem Weißwein über dem Wasserbad dickflüssig schaumig schlagen. Mit Salz und Pfeffer würzen. Von der Herdplatte nehmen, etwas weiterschlagen, das Olivenöl langsam einlaufen lassen und mit Knoblauch- und Olivenpaste abschmecken.

Das Lammcarré tranchieren, den Strudel aufschneiden und mit Ofentomaten, die mit Thymian, Rosmarin und Olivenöl – gewürzt mit Salz und Pfeffer – im vorgeheizten Backofen bei 90° C ca. 15 Minuten geschmort wurden, anrichten und mit der Sabayon servieren.

Zutaten

Lammcarré im Gemüse-Crêpe-Mantel
2 Stränge Lammcarré, geputzt, ca. 500 g
Salz, Pfeffer
3 EL Olivenöl
2 Rosmarinzweige
2 Thymianzweige
4 gebackene Crêpes
1 rote Paprika, halbiert, geschmort und enthäutet
1 gelbe Paprika, halbiert, geschmort und enthäutet
gebratene Scheiben von ½ Aubergine
gebratene Scheiben von ½ Zucchini
4 EL Geflügelfarce
2 gr. Mangoldblätter, blanchiert
20 g Schweinenetz
2 EL Geflügelfarce
2 EL Olivenöl

Spitzkohlstrudel
1 Kopf Spitzkohl
500 g Kartoffeln
30 g Butterschmalz
2 Schalotten, geschält und in feine Würfel geschnitten
Salz, Pfeffer
1 TL Thymian, gehackt
80 g Schmand
250 g TK-Strudelteig
20 g flüssige Butter

Olivenölsabayon
4 Eigelb
150 ml Weißwein
Salz, Pfeffer
125 ml Olivenöl
1 Msp. Knoblauchpaste
1 Msp. Olivenpaste
12 Tomatenfilets
2 Thymianzweige
2 Rosmarinzweige
3 EL Olivenöl
Salz, Pfeffer

Lammcarré im Gemüse-Crêpe-Mantel, Spitzkohlstrudel und Olivensabayon

Lammcarré im Gemüse-Crêpe-Mantel, Spitzkohlstrudel und Olivensabayon

Im warmen Schatten der Oliven: das Lamm

Der Spargel soll noch schlanker werden: spaghetti-schlank

Kalbsfilet und Jakobsmuscheln im Trüffelmantel auf roter Zwiebelmarmelade und Spargelspaghetti

Kalbsfilet und Jakobsmuscheln im Trüffelmantel auf roter Zwiebelmarmelade und Spargelspaghetti

Zutaten

Kalbsfilet und Jakobsmuscheln im Trüffelmantel
400 g schieres Kalbsfilet
4 EL Geflügelfarce
8 ausgebrochene Jakobsmuscheln, in dünne Scheiben geschnitten
2 schwarze Trüffel à ca. 30 g, dünn gehobelt
etwas Schweinenetz
Salz, Pfeffer aus der Mühle
2 EL Butterschmalz

Zwiebelmarmelade
5 rote Zwiebeln, geschält und halbiert
4 EL Rotwein
3 EL roter Portwein
4 EL Balsamicoessig
2 Thymianzweige
1 Lorbeerblatt
3 weiße Pfefferkörner
1 EL eiskalte Butter
Salz, Pfeffer
Zucker

Spargelspaghetti
8 rohe Spargelstangen, geschält
20 g Butter
20 ml Spargelfond
Salz
Zucker
16 grüne Minispargel
4 EL Madeirasauce
4 EL Trüffelveloutè

Zubereitung

Kalbsfilet und Jakobsmuscheln im Trüffelmantel
Das Filetstück gleichmäßig in vier Medaillons portionieren. Diese mit Farce rundherum einstreichen, mit Jakobsmuschelscheiben belegen und mit Trüffelscheiben ummanteln.
Die Medaillons vorsichtig in Schweinenetz einschlagen, mit Salz und Pfeffer würzen und in heißem Butterschmalz, zuerst auf der Muschelseite, von beiden Seiten leicht anbraten.
Auf Alufolie setzen und im vorgeheizten Backofen bei 160° C ca. 20 Minuten garen. Herausnehmen, warm stellen und etwas ruhen lassen.

Zwiebelmarmelade
Die Zwiebelhälften in eine Pfanne legen, diese mit Alufolie luftdicht verschließen. Ca. 15 Minuten bei 180° C im Ofen weichschmoren.
Die gegarten Zwiebeln fein hacken und mit Rotwein, Portwein und Balsamicoessig sowie den Kräutern und den Pfefferkörnern sirupartig einkochen.
Die Kräuter entfernen und die kalte Butter einrühren. Mit Salz, Pfeffer und Zucker abschmecken.
Aus der Zwiebelmarmelade Nocken abstechen. Die Kalbsmadaillons schräg aufschneiden und gemeinsam auf Tellern anrichten.

Spargelspaghetti
Spargelstangen zuerst längs in dünne Scheiben, anschließend in lange dünne Streifen schneiden und diese in etwas Butter und Spargelfond anschwenken. Mit Salz und Zucker würzen.

Gemeinsam mit grünem Mini-Spargel zu dem Kalbsfilet anrichten und mit Madeirasauce und aufgeschäumter Trüffelveloutè servieren.

Etouffé-Täubchen auf Kartoffel-Gänsestopfleber-Mousseline mit Blutwurst-Apfel-Wan Tan

Zutaten

Etouffé-Täubchen
2 Etouffé-Tauben
4 EL Geflügelfarce
8 Scheiben schwarze Trüffel
etwas Schweinenetz
Salz, Pfeffer aus der Mühle
Butterschmalz
2 Rosmarinzweige
2 Schalotten, geschält und in Scheiben geschnitten
1 EL Butter

Kartoffel-Gänsestopfleber-Mousseline
300 g mehlig kochende Kartoffeln, geschält und gewürfelt
100 ml Milch
40 g Butter
100 g rohe Gänsestopfleber, durch ein Haarsieb gestrichen
Salz
Muskat, gerieben
2 EL Schlagsahne

Blutwurst-Apfel-Wan Tan
1 EL Blutwurstwürfel
1 EL Apfelwürfel
2 EL Haselnüsse, gemahlen
1 TL Majoranblättchen
1 Eigelb
Salz, Pfeffer aus der Mühle
4 Wan Tan-Blätter
1 Eigelb, verquirlt
Fett zum Ausbacken

Zubereitung

Etouffé-Täubchen
Die Tauben von den Karkassen auslösen. Die Brüstchen von Häutchen und Flügelknochen befreien. Von den Keulen den Schlußknochen herausschneiden und den Fußknochen sauber putzen.
Die Taubenbrüste auf der Innenseite mit Farce bestreichen, mit Trüffelscheiben belegen und die Taubenkeulchen obenauf legen. Rundherum mit wenig Farce verschließen und die Koteletts in Schweinenetz einschlagen. Rundherum mit Salz und Pfeffer würzen und in heißem Butterschmalz von beiden Seiten kurz mit etwas Farbe anbraten. Auf die Keulenseiten legen und mit Rosmarin und Schalottenscheiben im vorgeheizten Backofen bei 160° C ca. 12-15 Minuten braten.
Herausnehmen, etwas Butter in der Pfanne einschwenken und die Taubenkoteletts darin glasieren. Sofort herausnehmen, warm stellen und ruhen lassen.

Kartoffel-Gänsestopfleber-Mousseline
Die Kartoffeln in Salzwasser garen, abschütten, ausdämpfen und durch die Kartoffelpresse drücken.
Die Milch mit der Butter kurz aufkochen, auf die durchgedrückten Kartoffeln gießen und glattrühren.
Die Gänsestopfleber dazugeben und das Kartoffelpüree damit aufschlagen. Mit Salz, Muskat und gut geschlagener Sahne vollenden.

Blutwurst-Apfel-Wan Tan
Blutwurstwürfel, Apfelwürfel, Haselnüsse und Majoranblättchen gut vermischen. Eigelb untermischen, mit Salz und Pfeffer würzen.
Die Masse nun auf die Wan Tan-Blätter verteilen, den Rand mit Eigelb einstreichen und je vier Spitzen in der Mitte zusammendrücken. Die Ränder ebenfalls zusammendrücken. Im schwimmenden Fett goldgelb ausbacken.

Die Taubencrêpinettes aufschneiden, auf die Kartoffel-Gänsestopfleber-Mousseline setzen, mit Blutwurst-Apfel-Wan Tan und Apfelperlen servieren. Mit frischen Majoranblättchen garnieren.

Etouffé-Täubchen auf Kartoffel-Gänsestopfleber-Mousseline mit Blutwurst-Apfel-Wan Tan

Die demütige Kartoffel verhilft der Gänseleber zum großen Auftritt

Im Aroma-Reigen der Exoten tanzt die Topinambur um das scheue Reh

Soonwald-Rehrücken aus dem Zitronengrasdampf mit Topinamburpüree, Enokipilztempura und Soja-Sesam-Sabayon

Zutaten

Soonwald-Rehrücken aus dem Zitronengrasdampf
1 Rehrückenfilet, pariert, ca. 800 g
Salz
Koriander aus der Gewürzmühle
4 EL Sesamöl
3 Schalotten, gewürfelt
2 Knoblauchzehen, halbiert
20 g Ingwerknolle
5 Halme Zitronengras, klein geschnitten
500 ml Wildfond

Topinamburpüree
500 g Topinamburknollen
4 EL Zitronensaft
2 Schalotten
40 g Butter
200 ml Gemüsebrühe
150 g Schlagsahne
Salz
Öl zum Fritieren

Enokipilztempura
100 g Enokipilze
etwas Mehl
50 g angerührter Tempurateig
Salz

Soja-Sesam-Sabayon
4 Eigelb
150 ml Dampffond, passiert
125 ml Sesamöl
1 EL Sojasauce
Salz
Koriander, gemahlen

Zubereitung

Soonwald-Rehrücken aus dem Zitronengrasdampf
Das Rehrückenfilet von beiden Seiten mit Salz und gemahlenem Koriander würzen.
2 EL Sesamöl in einer Pfanne erhitzen. Das Rehrückenfilet darin von beiden Seiten kurz anbraten und herausnehmen.
2 EL Sesamöl in einem Topf erhitzen. Schalotten, Knoblauch, Ingwer und Zitronengras darin ohne Farbe anschwitzen.
Den Wildfond angießen, einmal aufkochen lassen und von der Flamme nehmen.
Ein Dim Sum-Bastkörbchen auf den Topf geben, den angebratenen Rehrücken dort hineinlegen und mit einem Deckel verschließen. Das Fleisch nun sanft ca. 40-50 Minuten dämpfen. Dabei darf der Fond nicht kochen, sondern nur ziehen. Das Fleisch während der Garzeit öfter wenden.
Anschließend das Rehrückenfilet herausnehmen, warm stellen und etwas ruhen lassen.

Topinamburpüree
Die Topinamburknollen schälen.
Etwa ein Viertel davon in nicht zu dünne Scheiben schneiden und mit 2 EL Zitronensaft in Wasser legen. Den Rest grob zerschneiden und ebenfalls in 2 EL Zitronensaft in Wasser legen.
Die Schalotten pellen und in Ringe schneiden.
Die Butter im Topf zerlaufen lassen und die Schalotten darin glasig dünsten. Die Topinamburstücke abtropfen lassen, dazugeben und unter Rühren andünsten. Die Gemüsebrühe und 100 ml Sahne dazugießen.
Die Topinamburstücke zugedeckt 20-25 Minuten kochen und ohne Deckel so lange weitergaren, bis die Flüssigkeit fast verkocht ist. Dann salzen, mit dem Zauberstab pürieren und warm stellen.
Die Topinamburscheiben abtropfen lassen und trockentupfen. Das Öl im Topf erhitzen, die Topinamburscheiben darin in etwa 3 Minuten goldbraun fritieren und auf Küchenpapier abtropfen lassen.
Die restliche Sahne steif schlagen und unter das Püree heben. Die fritierten Scheiben als Garnitur verwenden.

Enokipilztempura
Die Enokipilze putzen, leicht mehlieren, durch den Tempurateig ziehen und in heißem Öl ausbacken. Herausnehmen und mit Salz würzen.

Soja-Sesam-Sabayon
Das Eigelb mit dem Dampffond über dem Wasserbad schaumig aufschlagen. Herunternehmen und weiterschlagen. Sesamöl und Sojasauce einlaufen lassen und mit Salz und gemahlenem Koriander abschmecken.

Soonwald-Rehrücken aus dem Zitronengrasdampf mit Topinamburpüree, Enokipilztempura und Soja-Sesam-Sabayon

Hunsrücker Damhirschrücken in der Haselnußkruste mit Wirsing und Gewürz-Kirsch-Tarte

Zutaten

Damhirschrücken in der Haselnußkruste
1 Hirschrücken, pariert, ca. 700 g
Salz, Pfeffer aus der Mühle
2 EL Pflanzenöl
60 g Butter
1 TL Kastanienhonig
1 EL Haselnußmark
Salz, Pfeffer
1 Msp. Wildgewürz
60 g Haselnüsse, fein gemahlen

Gewürz-Kirsch-Tarte
4 blindgebackene Blätterteig-Tartelettes à ca. 6 cm Durchmesser
12 frische Kirschen, entsteint und halbiert
120 ml Royalmasse
1 Msp. Wildgewürz
Salz, Pfeffer

Wirsing
400 g Wirsing, in Rauten geschnitten und blanchiert
2 EL Schalottenwürfel
30 g Butter
Salz, Pfeffer aus der Mühle
150 ml Bechamelsauce
1 EL geschlagene Sahne

Zubereitung

Damhirschrücken in der Haselnußkruste
Den geputzten Hirschrückenstrang mit Salz und Pfeffer würzen und in einer Pfanne mit heißem Öl anbraten. Auf ein mit Alufolie ausgelegtes Backblech setzen und in den vorgeheizten Backofen bei 180° C für ca. 12-15 Minuten schieben, herausnehmen und warm stellen.
Die Butter schaumig schlagen. Mit Honig, Haselnußmark, Salz, Pfeffer und Wildgewürz abschmecken.
Zum Schluß die Haselnüsse zugeben.
Die Masse auf den gebratenen Hirschrücken streichen und im Salamander goldgelb gratinieren.

Gewürz-Kirsch-Tarte
Die gebackenen Blätterteig-Tartelettes mit den halbierten Kirschen gleichmäßig füllen und mit gewürzter Royalmasse aufgießen.
Die Tartes in den vorgeheizten Backofen bei 180° C für ca. 15-20 Minuten schieben.

Wirsing
Den Wirsing mit Schalottenwürfeln in Butter glasig dünsten, mit Salz und Pfeffer würzen und mit Bechamelsauce auffüllen. Zuletzt geschlagene Sahne unterheben, auf Tellern anrichten und mit dem tranchierten Hirschrücken servieren.

Hunsrücker Damhirschrücken in der Haselnußkruste mit Wirsing und Gewürz-Kirsch-Tarte

Schwarzbraun ist die Haselnuß – als Kruste auf dem Damhirschrücken

Honig und Sesam: süßer Panzer für die Entenbrust

Barbarie-Entenbrust in der Sesam-Honig-Kruste mit gebackenem Rotkohlknödel

Zutaten

Barbarie-Entenbrust
2 Enten, küchenfertig
20 g Butterschmalz
Salz, Pfeffer
2 Knoblauchzehen, ungeschält und halbiert
2 Thymianzweige
1 Rosmarinzweig
30 g Butter

Sesam-Honig-Kruste
50 ml Geflügelfond
80 g Honig
75 g Butter
2 EL Sojasauce
100 g Sesam
Chili aus der Gewürzmühle
Salz

Entenjus
500 g Entenkarkassen
2 EL Öl
1 Möhre, gewürfelt
2 Schalotten, gewürfelt
½ Stange Staudensellerie, gewürfelt
1 EL Tomatenmark
100 ml Rotwein
1 l heller Geflügelfond
2 Lorbeerblätter
1 Thymianzweig
20 g kalte Butter

Rotkohlknödel
500 g Rotkraut
2 EL Apfelmus
1 Zimtstange
½ EL Honig
150 ml Rotwein
Salz
50 g Schalotten
20 g Butterschmalz
1 Nelke
2 Wacholderbeeren
1 Lorbeerblatt
3 Pfefferkörner, geschrotet
1 Apfel, gerieben
2 EL Speisestärke
40 g Mehl
2 Eier, verquirlt
80 g Semmelbrösel
ca. 300 ml Fett zum Fritieren

Barbarie-Entenbrust in der Sesam-Honig-Kruste mit gebackenem Rotkohlknödel

Zubereitung

Barbarie-Entenbrust
Die Entenbrüste auslösen, den Flügelknochen an der Brust belassen.
Aus den grob gehackten Karkassen eine Entenjus herstellen.

Das Fett der Entenbrust mit einem scharfen Messer einschneiden. Nun die Brüste in einer heißen Pfanne mit Butterschmalz zuerst mit der Fettseite kross anbraten und mit Salz und Pfeffer würzen. Den Knoblauch und die Kräuter beigeben, die Entenbrüste wenden und auf der zweiten Seite ebenfalls kurz anbraten. Die Butter beigeben und die Brüste damit glasieren. Nun die Entenbrüste mit den Kräutern auf ein mit Alufolie ausgelegtes Backblech legen und im vorgeheizten Backofen bei 120° C ca. 20 Minuten garen.

Sesam-Honig-Kruste
Geflügelfond, Honig, Butter, Sojasauce und Sesam gut verrühren, in einem Topf so lange einkochen lassen, bis eine dickflüssige Masse entstanden ist.
Mit Chili aus der Gewürzmühle und Salz würzen und auskühlen lassen.
Die vorgegarten Entenbrüste aus dem Backofen nehmen und mit der ausgekühlten Sesam-Honig-Masse bestreichen. Unter dem Backofengrill die Entenbrüste nun so lange überbacken, bis die Kruste eine schöne goldbraune Farbe hat.

Entenjus
Die grob gehackten Karkassen in dem Öl goldbraun anrösten. Das Gemüse zugeben und kurz mitrösten. Das Tomatenmark einrühren, mit dem Rotwein ablöschen und fast vollständig einkochen lassen.
Den Geflügelfond angießen, Lorbeerblätter und Thymian zugeben und alles ca. 2 Stunden köcheln lassen. Anschließend durch ein Sieb passieren und entfetten. Mit der kalten Butter montieren und zu der Ente servieren.

Rotkohlknödel
Das fein geschnittene Rotkraut mit dem Apfelmus, der Zimtstange, dem Honig und dem Rotwein marinieren bzw. gut durchkneten, mit Salz würzen und ca. 3-4 Stunden stehen lassen.
Die Schalotten in feine Streifen schneiden und im Butterschmalz glasig dünsten. Das marinierte Rotkraut zugeben und mit den Gewürzen ca. 30 Minuten zugedeckt schmoren.
Den geriebenen Apfel in das Rotkraut geben, einmal kurz aufkochen, mit der in kaltem Wasser angerührten Speisestärke binden, Zimtstange und Gewürze entfernen und auskühlen lassen.
Aus dem kalten Rotkraut Klöße formen und einfrieren. Wenn die äußere Schicht der Knödel gefroren ist, herausnehmen und in Mehl, Ei und Semmelbrösel panieren und im heißen Fett ausbacken.
Die Knödel zu der tranchierten Entenbrust servieren.

Zutaten

Suprême vom Perlhuhn
2 Perlhuhn-Torsi (Perlhuhnkarkasse mit Brust, ohne Keulen)
Salz, Pfeffer aus der Mühle
3 EL Butterschmalz
2 Schalotten, geschält und geviertelt
1 Knoblauchzehe, halbiert
2 Rosmarinzweige

Spargeltempura
16 Spargelstangen, geschält und bißfest gegart
100 g angerührter Tempurateig
Fett zum Ausbacken
150 g Pfifferlinge, geputzt
2 EL Butterschmalz
2 EL Schalotten, gewürfelt
Salz, Pfeffer aus der Mühle
1 Msp. Knoblauchpüree
1 EL Petersilie, gehackt

Erdnußbuttersauce
200 ml Geflügelvelouté
1 EL Erdnußpaste
Salz
1 Msp. Knoblauchpüree
Sojasauce
Chili, gemahlen
2 EL geschlagene Sahne
Kerbelzweige für die Garnitur

Zubereitung

Suprême vom Perlhuhn
Die Perlhuhnbrüste auf der Karkasse mit Pfeffer und Salz rundherum würzen, in heißem Butterschmalz mit Farbe von beiden Seiten anbraten. Schalotten, Knoblauch und Rosmarin zugeben und im vorgeheizten Backofen bei 160° C ca. 20-25 Minuten braten.
Herausnehmen, warm stellen und ruhen lassen.

Spargeltempura
Den Spargel in 10 cm lange Stücke schneiden, mehlieren und durch den Tempurateig ziehen. In heißem Fett schwimmend ausbacken.
Die Pfifferlinge in heißem Butterschmalz anbraten, Schalottenwürfel einschwenken, mit Salz, Pfeffer und Knoblauch würzen. Gehackte Petersilie zugeben und aus der Pfanne nehmen.

Erdnußbuttersauce
Die Geflügelvelouté aufkochen, Erdnußpaste einmixen und die Sauce mit Salz, Knoblauch, Sojasauce und gemahlenem Chili abschmecken.
Vor dem Servieren mit geschlagener Sahne aufschäumen.

Die Perlhuhnbrüste von der Karkasse lösen, gleichmäßig tranchieren, mit dem Spargeltempura, den Pfifferlingen und der Erdnußsauce anrichten und mit Kerbelzweigen garnieren.

Suprême vom Perlhuhn mit Spargeltempura und Erdnußbuttersauce

Suprême vom Perlhuhn mit Spargeltempura und Erdnußbuttersauce

Der lange Weg des Spargels nach Japan und zurück

Erst schäumt das Ei, dann schmilzt die Kuvertüre

Lafer's Mohrekopp mit Gewürzorangenfilets

Lafer's Mohrekopp mit Gewürzorangenfilets

Zubereitung

Lafer's Mohrekopp
Das Ei über dem Wasserbad schaumig schlagen. Wenn die Eimasse dicklich wird, herunternehmen und noch etwas weiterschlagen.
Den Nougat und die Kuvertüre über dem Wasserbad bei mäßiger Hitze schmelzen lassen, unter die Eimasse geben und gut verrühren.
Die eingeweichte Gelatine mit etwas Rum und Grand Marnier erwärmen. Die aufgelöste Gelatine nun unter die obige Masse rühren.
Die Krokantbrösel und die Orangenschale mit der geschlagenen Sahne vorsichtig unter die abgekühlte Masse rühren.
Die Crème in Kuppelförmchen füllen. Im gleichen Durchmesser kleine Biskuitböden ausstechen und damit abdecken.
Ca. 2 Stunden kühl stellen. Nach dem Abkühlen auf ein Gitter stürzen.

Canache
Die Sahne aufkochen und die Butter und die kleingeschnittene Bitterkuvertüre darin auflösen.

Sauce
Wasser und Zucker aufkochen, Crème double dazugeben, nochmals aufkochen lassen und leicht abkühlen.
Die Canache und die Sauce mischen und gut verrühren.
Mit einer Suppenkelle die Überzugmasse über die Crèmekuppeln gießen und im Kühlschrank fest werden lassen.
Die Mohreköppe mit der flüssigen weißen Kuvertüre (mit Hilfe eines kleinen Pergamenttütchens) besprenkeln.

Gewürzorangen
Die Orangen filetieren.
Zucker karamelisieren, mit Weißwein ablöschen und etwa 5 Minuten kochen.
Orangensaft unterrühren. Gewürze sowie Orangen- und Zitronenschale dazugeben und alles etwa 10 Minuten leicht köcheln lassen.
Speisestärke mit 1 EL kaltem Wasser anrühren und den Gewürzfond damit leicht binden. Nochmals kurz aufkochen und abkühlen lassen.
Mit Grenadine und Grand Marnier abschmecken. Das Ganze über die Orangenfilets gießen und etwa 1 Tag im Kühlschrank marinieren. Vor dem Servieren die Gewürze entfernen.

Mandelkrokantkörbchen
Alle Zutaten vorsichtig miteinander verrühren. Diese flüssige Mandelmasse in Klarsichtfolie wickeln und für eine Stunde in den Kühlschrank legen. Ein Blech mit Butter bestreichen und mit Mehl bestäuben. Aus der Masse kleine Kügelchen formen und auf das Blech setzen. Mit Hilfe eines Gabelrückens die Kugeln flach und dünn zerdrücken. Dann für 5-7 Minuten bei 200° C in den vorgeheizten Backofen schieben. Wenn die Mandelscheiben goldbraun sind, aus dem Ofen nehmen, leicht abkühlen lassen und in noch warmem Zustand in etwas höhere Gefäße drücken, so daß der Rand überlappt. Nun völlig auskühlen lassen, bis die Körbchen fest sind.

Den Mohrekopp mit Grand Marnier-Eis im Krokantkörbchen servieren. Mit den Gewürzorangen und einem Saucenspiegel aus Vanillesauce und Himbeermark garnieren.

Zutaten

Lafer's Mohrekopp
1 Ei
50 g heller Nougat
50 g weiße Kuvertüre
1 Blatt Gelatine, in kaltem Wasser eingeweicht
1 EL Rum
1 EL Grand Marnier
40 g Krokantbrösel
Schale von 1 Orange
225 g geschlagene Sahne
1 kl. Biskuitboden

Canache
220 g Sahne
40 g Butter
200 g Bitterkuvertüre

Sauce
90 ml Wasser
110 g Zucker
50 g Crème double
ca. 50 g weiße Kuvertüre, aufgelöst

Gewürzorangen
5 Orangen
130 g Zucker
250 ml Weißwein
125 ml Orangensaft, frisch gepresst
2 Kardamomkapseln
4 Nelken
2 Sternanis
2 Zimtstangen
1 Vanilleschote
abgeriebene Schale von 1 Orange (unbehandelt)
abgeriebene Schale von 1 Zitrone (unbehandelt)
20 g Speisestärke
2 cl Grenadine
2 cl Grand Marnier

Mandelkrokantkörbchen
50 g flüssige Butter
100 g Kristallzucker
2 EL frischer Orangensaft
Saft von ½ Zitrone
30 g Mehl
50 g gehobelte Mandeln oder gemahlene Pistazien

Johanns Pralinentarte mit geeister Moccasauce und Truffe d'Or

Zutaten

10 Tarteförmchen, Durchmesser 9 cm

Tortenboden
80 g Butter
40 g Puderzucker
80 g weiße Schokolade, aufgelöst
3 Eigelb
5 Eiweiß
50 g Zucker
75 g Mehl
25 g Walnüsse, gemahlen

Pralinencrème
2 Eier
60 g heller Nougat
150 g Bitterkuvertüre
abgeriebene Schale von 1 Orange
1 cl Amaretto
1 cl Grand Marnier
1 cl Stroh-Rum
150 g Sahne
75 g Crème double
1 geschlagenes Eiweiß

Truffe d'Or
Pralinenmasse I:
125 g Sahne
½ TL Bitterkakao
125 g Bitterkuvertüre
5 cl Grand Marnier
abgeriebene Schale von 1 Orange
Pralinenmasse II:
150 g Sahne
1 Prise Salz
100 g weiße Kuvertüre
100 g Vollmilchkuvertüre
3 cl Cointreau (60 %)
ca. 60 fertige Trüffelhohlkugeln
600 g dunkle Kuvertüre

Geeiste Moccasauce
125 g Schlagsahne
125 ml Milch
40 g Zucker
1 EL Espressopulver (Instant)
3 Eigelb
2 Kugeln Vanilleeis

Zubereitung

Tortenboden
Butter mit Puderzucker schaumig schlagen. Weiße aufgelöste Schokolade und Eigelb nach und nach beigeben. Weiter schaumig schlagen.
Getrennt davon Eiweiß mit Zucker schaumig schlagen. Den Eischnee abwechselnd mit dem Mehl und den Walnüssen vorsichtig unter die Schokoladenmasse heben.
In die Förmchen füllen und bei 180° C ca. 30 Minuten backen. Gut auskühlen lassen.

Pralinencrème
Eier über dem Wasserbad schaumig schlagen. Nougat und Bitterkuvertüre im Wasserbad auflösen und zu den aufgeschlagenen Eiern geben.
Orangenabrieb, Amaretto, Grand Marnier und Rum hinzufügen. Sahne und Crème double zusammen nicht zu steif schlagen und mit dem geschlagenen Eiweiß vorsichtig unter die Schokoladenmasse heben.
Die Böden abkühlen lassen und mit der Pralinencrème füllen. Für 2 Stunden in den Kühlschrank stellen, mit Kakao bestäuben, aus den Tarteförmchen stürzen und mit Truffe d'Or und geeister Moccasauce servieren.

Truffe d'Or
Pralinenmasse I:
Sahne mit dem Kakao einmal aufkochen und die kleingeschnittene Kuvertüre einrühren. Sofort von der Flamme nehmen und mit Grand Marnier und Orangenschale abschmecken.
Abkühlen lassen.
Pralinenmasse II:
Sahne und die Prise Salz einmal aufkochen. Kleingeschnittene weiße und Vollmilchkuvertüre schnell einrühren. Von der Flamme nehmen und mit Cointreau abschmecken. Abkühlen lassen.

Die beiden ausgekühlten Massen einmal mit einem Schneebesen kurz durchrühren, bis sie sämig sind.

Die Trüffelhohlkugeln zuerst mit Hilfe eines Spritzsacks mit kleiner glatter Tülle mit der Pralinenmasse I zur Hälfte füllen, kurz kühl stellen. Anschließend mit der Pralinenmasse II die Kugeln auffüllen.
Die kleingeschnittene Schokolade über einem warmen Wasserbad auflösen, anschließend temperieren und die Öffnung der Hohlkugeln damit verschließen.
Die Trüffeln einzeln mit Hilfe einer Pralinengabel in die temperierte Schokolade tauchen, auf ein Pralinengitter setzen, kurz anziehen lassen und mit der Gabel den Trüffel igeln (auf dem Gitter rollen).
Mit Blattgold dekorieren.

Geeiste Moccasauce
Sahne, Milch, Zucker und Espressopulver aufkochen lassen.
Das Eigelb zu der Kaffee-Milch geben und so lange auf der Flamme kräftig rühren, bis die Sauce bindet.
Anschließend passieren und nun gut abkühlen lassen. In die gekühlte Sauce das Vanilleeis geben und mit einem Zauberstab schaumig mixen.

Johanns Pralinentarte mit geeister Moccasauce und Truffe d'Or

In der Kaffeebohne schläft das Aroma der Moccasauce

Walderdbeeren, als stünden sie Dürer Modell

Millefeuille aus Krokantblätterteig, Bourbonvanillecrème und Walderdbeeren mit Safraneis

Millefeuille aus Krokantblätterteig, Bourbonvanillecrème und Walderdbeeren mit Safraneis

Zutaten

Krokantblätterteig
300 g Blätterteig
80 g Puderzucker

Crème
100 g Sahne
40 g Zucker
Mark von
½ Bourbonvanilleschote
3 Eigelb
2 Blatt weiße Gelatine
1 TL Zitronensaft
2 cl Orangenlikör
100 g geschlagene Sahne
300 g Walderdbeeren

Safraneis
250 ml Milch
250 g Sahne
100 g Zucker
Safranfäden
2 Eier
2 Eigelb

Zubereitung

Krokantblätterteig
Den Blätterteig viereckig etwa 3 mm dick ausrollen und auf ein vorher mit Wasser beträufeltes Backblech legen. Mit einem Blech beschweren, damit der Teig nicht so stark aufgeht.
Im Backofen bei etwa 240° C (Heißluft etwa 200° C) gut ausbacken und mit einem Ausstecher mit 4 cm Durchmesser Kreise ausstechen.
Nun dick mit Puderzucker bestreuen und unter dem Grill goldgelb karamelisieren lassen. Wenn die Kreise ausgekühlt sind, den Vorgang von der anderen Seite wiederholen.

Crème
Die Sahne mit dem Zucker und dem Bourbonvanillemark aufkochen. Ein Drittel der kochenden Flüssigkeit zum Eigelb geben und glattrühren. Beides wieder in den Topf geben, auf den Herd stellen und unter ständigem Rühren so lange auf dem Herd lassen, bis das Ganze dickflüssig wird (darf auf keinen Fall mehr kochen!). Sofort durch ein feines Sieb in ein kaltes Gefäß passieren.
Gelatine in kaltem Wasser auflösen und unter die Crème geben. Alles auskühlen lassen. Die erkaltete Crème mit dem Zitronensaft und dem Orangenlikör glattrühren und die geschlagene Sahne unterheben.

Zum Anrichten einen Blätterteigkreis in die Mitte des Tellers legen und die Crème daraufgeben. Die Erdbeeren vorsichtig in die Crème drücken, nochmals Crème daraufgeben und einen zweiten karamelisierten Blätterteigkreis aufsetzen. Den Vorgang wiederholen und mit marinierten Walderdbeeren und Safraneis servieren.

Safraneis
Milch, Sahne, Zucker und Safran aufkochen. Ein Drittel zum Eigelb geben und glattrühren. In den Topf zurückgeben und auf dem Herd unter ständigem Rühren zu einer dicklichen Masse aufschlagen (nicht kochen lassen!). Sofort durch ein Sieb in ein kaltes Gefäß passieren und in der Eismaschine gefrieren.

Passionsfruchttörtchen im Bitterschokoladenmantel mit marinierten Himbeeren

Zutaten

100 g halbbittere Kuvertüre
125 ml Passionsfruchtmark aus frischen Passionsfrüchten ohne Kern
130 g Zucker
2 Blatt Gelatine, in kaltem Wasser eingeweicht
1 Eiweiß
10 g Zucker
100 g geschlagene Sahne

Passionsfruchtgelee
250 ml Passionsfruchtsaft (aus dem Glas)
50 g Zucker
3 Blatt Gelatine, in kaltem Wasser eingeweicht

Marinierte Himbeeren
250 g Himbeeren
2 EL Amaretto
2 EL Puderzucker
2 EL Himbeermark

Zubereitung

Metallringe mit Durchmesser von 3 cm bereithalten, Kunststoff-Folie der Ringgröße entsprechend.
Die optimal temperierte Kuvertüre auf die Folienstreifen gießen und über die Ränder hinaus gleichmäßig verstreichen. Sobald die Kuvertüre leicht zu erstarren beginnt, die Folie abheben und in die Innenseite des Ringes einlegen, so daß die Folie nach außen zeigt und die beiden Kuvertüreenden ca. 1 cm überlappen.
Die Ringe auf ein gerades Blech setzen. Das Passionsfruchtmark mit Zucker aufkochen. Die gut ausgedrückte Gelatine zugeben und glattrühren. Erkalten lassen.
Eiweiß mit Zucker schaumig schlagen und vorsichtig zusammen mit der geschlagenen Sahne unter die Passionsfruchtmasse heben.
Die Crème bis knapp unter den Rand in die mit Kuvertüre vorbereiteten Ringe füllen und für etwa 3-4 Stunden kalt stellen.

Passionsfruchtgelee
Den Passionsfruchtsaft mit dem Zucker leicht erwärmen und darin die eingeweichte und ausgedrückte Gelatine auflösen.

Die Ringe aus dem Kühlschrank nehmen, mit dem Passionsfruchtgelee auffüllen und abermals kalt stellen. Aus den Ringen schieben und die Folie entfernen.
Mit Krokanthippen und marinierten Himbeeren servieren.

Marinierte Himbeeren
Die Himbeeren mit etwas Amaretto, Puderzucker und Himbeermark nach Geschmack marinieren.

Passionsfruchttörtchen im Bitterschokoladenmantel mit marinierten Himbeeren

Drei Passionsfrüchtchen – Leidenschaft, süß-sauer

Zitronengras in Pflaumenwein – der Rausch der chinesischen Dichter

Geeistes Melonen-Pflaumenwein-Süppchen mit Zitronengrassorbet

Zutaten

2 Melonen, mittelgroß
(vorzugsweise Cavaillon)

Melonen-Pflaumenwein-Süppchen
ca. 300 g Melonenfleisch (von den ausgehöhlten Melonen)
125 ml Pflaumenwein
50 g Puderzucker
Saft von 1 Limette
Schale von 1 Limette
150 g Eiswürfel
etwas Minze für die Garnitur
Zitronengrasstengel für die Garnitur

Zitronengrassorbet
120 g Zitronengras
500 ml Wasser
175 g Zucker
100 ml Limettensaft
2 Blatt Gelatine

Geeistes Melonen-Pflaumenwein-Süppchen mit Zitronengrassorbet

Zubereitung

Die Melonen gezackt halbieren, die Kerne entfernen. Mit einem Ausstecher kleine Kugeln aus dem Melonenfleisch stechen. Diese werden als Einlage verwendet. Den Rest des Fruchtfleischs mit einem Löffel vorsichtig auskratzen, so daß die Melonenhälften ganz bleiben.

Melonen-Pflaumenwein-Süppchen
Pflaumenwein, Puderzucker, Limettensaft, Limettenschale und Eiswürfel zu dem Melonenfleisch geben und das Ganze anschließend mit einem Mixer schaumig pürieren.
Das Melonen-Pflaumenwein-Süppchen in die ausgehöhlten und mit ihren Perlen gefüllten Melonenhälften geben.
Die Melonenhälften auf Teller setzen und mit Minze und Zitronengrasstengeln garnieren.
Als Einlage je eine Kugel Zitronengrassorbet hineingeben.

Zitronengrassorbet
Das Zitronengras in die einzelnen Blätter zerteilen oder kleinschneiden.
Das Wasser mit dem Zucker aufkochen und darin die Zitronengrasblätter 3 Stunden ziehen lassen.
Den Zitronengrassud passieren und mit dem Limettensaft mischen.
Gelatine in kaltem Wasser ca. 10 Minuten einweichen. Anschließend die Gelatine in etwas heißem Zitronengrassud auflösen und zu dem restlichen Sud geben, gut verrühren.
In einer Sorbetière cremig gefrieren.

Zubereitung

Schokoladennetz
Für das Schokoladennetz die temperierte Schokolade in ein Pergamenttütchen füllen und auf zugeschnittene Plastikstreifen ein Netz aufspritzen. Metallringe (Durchmesser 3,5 cm, Höhe 6 cm) mit den Plastikstreifen mit der Schokoladenseite nach innen auskleiden.

Karameleisparfait und Kokostrüffel
Für das Halbgefrorene Eigelb und Vollei in der Küchenmaschine aufschlagen. Den Zucker karamelisieren lassen, mit der flüssigen Sahne nach und nach ablöschen, zu den Eiern geben und so lange schlagen, bis die Masse abgekühlt ist. Jetzt die geschlagene Sahne unterheben.
Die Ringe mit der Masse halbvoll füllen und einfrieren.
Den Rest der Masse mit Kokossirup und gerösteten Kokosflocken mischen, in eine Metallschüssel geben und ebenfalls frieren.

Die Schüssel nach 3-4 Stunden aus dem Tiefkühler nehmen, mit einem kleinen Eisportionierer Kugeln abstechen und auf ein mit Pergamentpapier belegtes Backblech legen. Nochmals frieren und anschließend die gut durchgefrorenen Kugeln rasch in flüssiger Schokolade wenden, in Kakaopulver wälzen und nochmals einfrieren.
Jetzt das Parfait aus den Ringen schieben und den Plastikstreifen entfernen.
Auf Teller setzen und mit den geeisten Trüffeln garnieren.
Dazu Karamelsauce und frische Sommerbeeren servieren.

Zutaten

Schokoladennetz
100 g Bitterschokolade

Karameleisparfait und Kokostrüffel
60 g Eigelb
75 g Vollei
100 g Zucker
100 g flüssige Sahne
400 g geschlagene Sahne
20 ml Kokossirup
5 g Kokosflocken, geröstet
100 g Bitterschokolade
Kakaopulver
120 g Karamelsauce
250 g gemischte Sommerbeeren

Karameleisparfait im Schokoladennetz mit geeisten Kokosträffeln

Karameleisparfait im Schokoladennetz mit geeisten Kokostrüffeln

Kokossirup und Kokosflocken bringen eine neue Frucht hervor: die Kokostrüffel

Pistazien – der Stoff, aus dem die Hippenröllchen sind

Pistazienhippenröllchen gefüllt mit Kokos- und Mangoschaum

Zutaten

Pistazienhippe
50 g flüssige Butter
100 g Kristallzucker
2 EL frischer Orangensaft
Saft von ½ Zitrone
30 g Mehl
50 g Pistazien, gemahlen

Kokosschaum
350 ml Kokosmilch
150 g Sahne
Saft von 1 Zitrone
1 cl Rum
2 Blatt Gelatine

Mangoschaum
350 g Mangopüree
150 g Sahne
Saft von 1 Zitrone
Spalten von 2 Mangos

Pistazienhippenröllchen gefüllt mit Kokos- und Mangoschaum

Zubereitung

Pistazienhippe
Alle Zutaten vorsichtig miteinander verrühren. Diese flüssige Pistazienmasse in Klarsichtfolie wickeln und für 1 Stunde in den Kühlschrank legen. Ein Blech mit Butter bestreichen und mit Mehl bestäuben. Aus der Masse kleine Kügelchen formen und auf das Blech setzen. Mit Hilfe eines Gabelrückens die Kugeln flach und dünn zerdrücken. Dann für 5-7 Minuten bei 200° C in den vorgeheizten Backofen schieben. Wenn die Pistazienscheiben goldbraun sind, aus dem Ofen nehmen, leicht abkühlen lassen und in noch warmem Zustand zu Rechtecken schneiden. Mit Hilfe eines Metallrohres zu Röllchen formen.

Kokosschaum
Kokosmilch, Sahne, Zitronensaft und Rum verrühren. Gelatine in kaltem Wasser einweichen, ausdrücken, erwärmen und zu der Masse geben. In eine „Profi Whip"-Flasche von „isi" füllen, 2 Sahnekapseln hineindrehen, gut durchschütteln und mindestens 3 Stunden kalt stellen.

Mangoschaum
Mangopüree, Sahne und Zitronensaft verrühren. In eine „Profi Whip"-Flasche von „isi" füllen, 2 Sahnekapseln hineindrehen, gut durchschütteln und mindestens 3 Stunden kalt stellen.

Die Pistazienhippenröllchen mit dem Kokos- und Mangoschaum füllen und mit Mangospalten servieren.

Spagatkrapfen „Surprise“

Zutaten

Spagatkrapfen
250 g Mehl
30 g Puderzucker
1 Ei
abgeriebene Schale von
1 Zitrone (unbehandelt)
1 gestr. TL Zimt
3 EL Weißwein
125 g weiche Butter
1 Prise Salz
etwas Mehl zum Ausrollen
ca. 1 kg Butterschmalz zum Frttieren

Zum Wälzen
150 g Zucker
1 EL Zimt

40 g Puderzucker
60 ml Himbeer- oder Vanillesauce

Himbeersorbet
500 g Himbeeren
150 g Puderzucker
1 EL ungesüßter Johannisbeersaft, rot
2 EL Himbeergeist
Saft von 1 Limette
1 Eiweiß

Baisermasse
1 Eiweiß
1 Prise Salz
60 g Zucker

Zubereitung

Spagatkrapfen
Mehl, Puderzucker, Ei, Zitronenschale, Zimt, Weißwein, Butter und Salz in eine Schüssel geben. Zu einem glatten Teig verkneten, mit Klarsichtfolie abdecken und mindestens 6 Stunden kühl stellen.
Den Teig auf einer mit Mehl bestäubten Arbeitsfläche 1-2 mm dünn ausrollen und mit einem Teigrädchen ca. 5 x 8 cm große Rechtecke ausradeln.
Auf ein mit Mehl bestäubtes Blech legen und erneut kühl stellen.
Das Butterschmalz in einem Topf oder in einer Friteuse auf ca. 170° C erhitzen.
Ein Teigstück auf die Spagatkrapfenform klemmen oder auf einen Holzstab legen und die Teigstücke mit einem Bindfaden (Spagat) festmachen. Für ca. 3-5 Minuten in das heiße Butterschmalz geben und den hellbraun angebackenen Spagatkrapfen abtropfen lassen.
Von der Form auf ein mit einem Tuch ausgelegtes Blech schütteln. Die übrigen Krapfen Stück für Stück auf die gleiche Weise herstellen.
Zum Wälzen den Zucker mit dem Zimt vermischen. Die Krapfen darin wälzen.

Die Spagatkrapfen mit dem Himbeersorbet füllen und jeweils zwei Krapfen zusammenkleben. Kurz in den Froster geben, dann mit Baisermasse eine Bordüre spritzen und kurz unter dem Grill abflämmen. Leicht mit Puderzucker bestäuben und mit Himbeer- oder Vanillesauce servieren.

Himbeersorbet
Die Himbeeren mit Puderzucker, Johannisbeersaft, Himbeergeist und Limettensaft verrühren. Das Ganze zugedeckt etwa 1 Stunde marinieren.
Danach die Himbeeren durch ein feines Sieb streichen und mit dem Eischnee gut mischen. In der Eismaschine gefrieren lassen.

Baisermasse
Salz und Eiweiß mit dem Handrührgerät schaumig schlagen. Zucker nach und nach auf 3 Teile dazugeben. So lange schlagen, bis eine zähe Masse entsteht.

Spagatkrapfen „Surprise“

Himbeeren, noch gänzlich unverfroren

Kirschen – auch ohne Mandeln und Holunder eine süße Versuchung

Kirschstrudelblüte mit Mandelsabayon und Holunderblütensorbet

Kirschstrudelblüte mit Mandelsabayon und Holunderblütensorbet

Zutaten

Strudelteig
225 g Mehl
25 g Öl
115 ml Wasser (lauwarm)

Franchipanmasse
75 g Butter
40 g Zucker
3 Eigelb
250 g Marzipanrohmasse
2 Eiweiß
30 g Mehl
15 g flüssige Butter
100 g Kirschen, entsteint
20 g Puderzucker

Mandelsabayon
100 g Mandeln, geröstet
100 ml Milch
40 g Zucker
3 Eigelb
2 cl Amaretto

Holunderblütensorbet
150 ml Wasser
150 g Zucker
5 Holunderblütendolden
Saft von 2 Zitronen
500 ml Riesling
3 Blatt Gelatine

Zubereitung

Strudelteig
Vier Metallringe, ca. 6 cm Durchmesser und ca. 3 cm hoch, bereithalten.
Die Zutaten vermischen, gut durchkneten und ruhen lassen.
Den Strudelteig dünn ausrollen und in Quadrate von 4 x 4 cm schneiden, mit flüssiger Butter bestreichen. Die Strudelquadrate so in Metallringe einlegen, daß eine Blüte entsteht.
Die Ringe mit Alufolie so umlegen, daß die überstehenden Ecken auf der Folie zu liegen kommen.
Mit den Kirschen füllen und die Franchipanmasse daraufstreichen.
Im Backofen bei 180° C so lange backen, bis der Strudelteig Farbe annimmt.
Dann mit Alufolie abdecken, bis auch die Franchipanmasse gegart ist.
Die Strudelblüte aus den Ringen schneiden, mit Puderzucker bestäuben und mit einer heißen Gabel, die über einer Gasflamme erhitzt wurde, ein Karamelgitter einbrennen.
Mit Mandelsabayon und Holunderblütensorbet servieren.

Franchipanmasse
Butter, Zucker, Eigelb und Marzipanrohmasse schaumig rühren. Das Eiweiß steifschlagen, unterziehen und das Mehl untermischen.

Mandelsabayon
Die Mandeln mit der Milch und dem Zucker aufkochen, etwas ziehen lassen. Die ausgekühlte Mandelmilch durch ein Sieb gießen und das Eigelb beigeben. Über dem heißen Wasserbad schön cremig aufschlagen.
Vom Feuer nehmen und weiterschlagen, bis das Sabayon fast kalt ist. Anschließend mit dem Amaretto abschmecken.

Holunderblütensorbet
Wasser und Zucker aufkochen. Die Blüten und den Zitronensaft zugeben und über Nacht zugedeckt ziehen lassen. Mit dem Riesling auffüllen, eingeweichte und aufgelöste Gelatine zugeben und in der Eismaschine gefrieren.

Birnen-Basilikum-Eis in der Cassisbirne mit Joghurtschaum

Zutaten

Cassisbirnen
500 ml schwarzer Johannisbeersaft
150 g Zucker
1 EL Johannisbeergelee, schwarz oder rot
½ Zimtstange
2 Gewürznelken
Saft von ½ Orange
abgeriebene Schale von 1 Orange (unbehandelt)
1 EL Weizenstärke, in etwas kaltem Wasser angerührt
2 Birnen

Birnen-Basilikum-Eis
250 ml Birnenpüree
250 ml Wasser
100 g Zucker
½ Bund Basilikum
1 Blatt Gelatine
50 g Crème double

Joghurtschaum
100 g Joghurt
½ EL Puderzucker
1 EL Limonensaft
etwas abgeriebene Limonenschale (unbehandelt)

Birnenchips
100 ml Wasser
100 g Zucker
1 Birne, geschält

Zubereitung

Cassisbirnen
Johannisbeersaft, Zucker, Johannisbeergelee, Gewürze, Orangensaft und -schale aufkochen und auf die Hälfte der Flüssigkeitsmenge einkochen. Mit etwas Stärke abbinden und nochmals gut durchkochen.
Die Birnen schälen und mit einem Kugelausstecher von unten aushöhlen (entkernen). In den Gewürzfond einlegen und nochmals aufkochen lassen.
Die Birnen im Fond auskühlen lassen und halbieren.

Birnen-Basilikum-Eis
Das Birnenpüree mit Wasser und Zucker gemeinsam mit dem Basilikum in einem Mixer pürieren. Das Ganze durch ein Sieb streichen.

Die zuvor in kaltem Wasser eingeweichte Gelatine ausdrücken, auflösen und in die Grundmasse einrühren.
Zuletzt mit der Crème double glattrühren und alles in einer Sorbetière gefrieren.

Joghurtschaum
Joghurt, Zucker, Limonensaft und Limonenschale mit dem Stabmixer aufschäumen.

Birnenchips
Wasser und Zucker aufkochen.
Die Birne in hauchdünne Scheiben schneiden und durch den Läuterzucker ziehen. Das Ganze im Backofen bei 130° C etwa 20-30 Minuten trocknen. Die Ofentür einen Spalt weit öffnen, damit die Feuchtigkeit entweichen kann.

Den Joghurtschaum auf die Teller geben, darauf die Birnen setzen. Nun mit einem Spritzbeutel das Birnen-Basilikum-Eis eindressieren und mit Schokoladengarnituren und Birnenchips servieren.

Birnen-Basilikum-Eis in der Cassisbirne mit Joghurtschaum

In hauchdünnen Scheiben wird die pralle Birne zum Buch

Zimtstangen, braun wie Papyrus, staubtrocken und intensiv

Délice vom Apfel mit weißem Zimteis

Délice vom Apfel mit weißem Zimteis

Zutaten

Apfelperlen
100 ml Apfelsaft
30 g Zucker
Saft von 1 Zitrone
1 Zimtstange
1 Vanillestange
2 Äpfel
etwas Speisstärke

Marzipanmasse für die Bordüre
150 g Marzipan
75 g Puderzucker
Eiweiß

Mürbeteig
250 g Mehl
100 g Puderzucker
175 g Butter
25 g Ei
Vanillezucker
1 Prise Zimt
1 Prise Salz

Weißes Zimteis
250 g Sahne
250 ml Milch
90 g Zucker
5 Zimtstangen
2 Eigelb
2 Eier

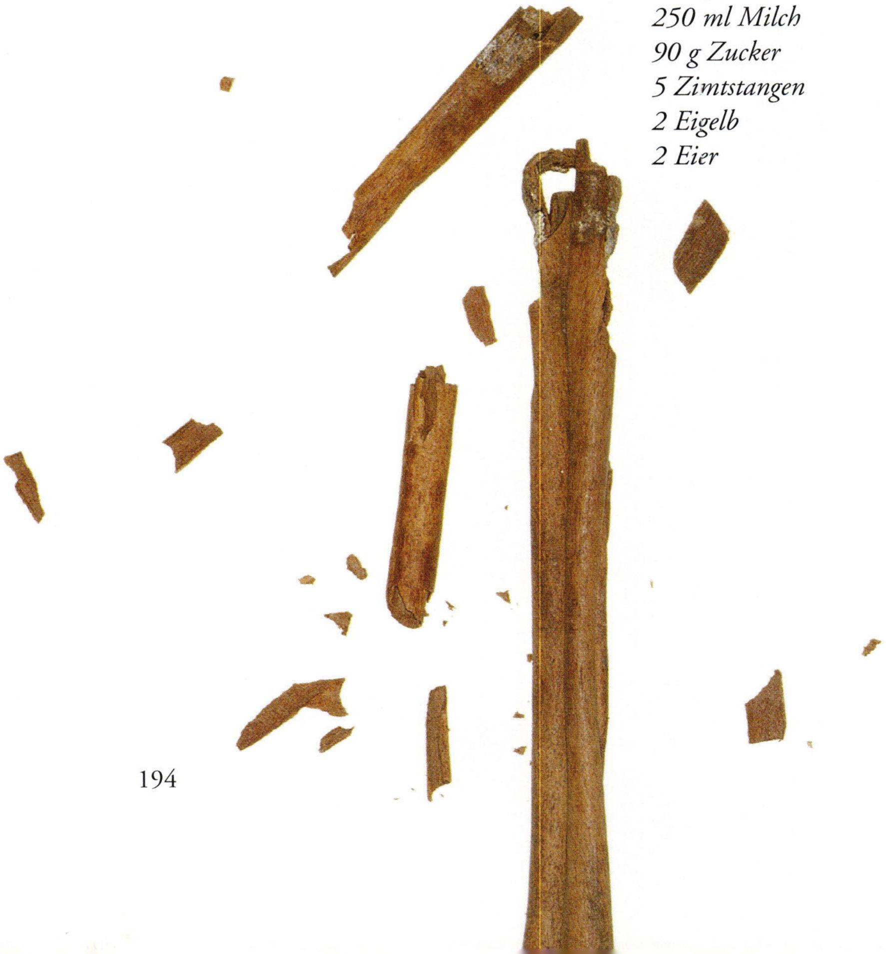

Zubereitung

Apfelperlen
Aus Apfelsaft, Zucker, Zitronensaft, Zimt- und Vanillestange einen Sud kochen und diesen mit etwas angerührter Speisestärke binden.
Aus den Äpfeln mit einem Parisienausstecher „Perlen" herausdrehen und in dem Sud weich ziehen lassen.

Marzipanmasse für die Bordüre
Marzipan und Puderzucker mit etwas Eiweiß glattarbeiten, bis die Masse spritzfähig ist.

Mürbeteig
Alle Zutaten zu einem Mürbeteig verarbeiten und 1 Stunde kalt stellen.
Den Teig dünn ausrollen und vier „Äpfel" ausschneiden.
Mit der Marzipanmasse eine Bordüre spritzen, 1 Stunde trocknen lassen und im Backofen bei ca. 180° C 10 Minuten backen.
Mit den Apfelperlen belegen und mit dem weißen Zimteis servieren.

Weißes Zimteis
Sahne, Milch, Zucker und Zimtstangen aufkochen.
Die Eier verrühren und in das Sahne-Milch-Gemisch einrühren, zur Rose abziehen, in eine Schüssel füllen.
Eine Stunde ziehen lassen, passieren und in der Eismaschine frieren.

Haselnuß-Soufflé mit Brombeeren in Whiskylikör und Tonkabohneneis

Zutaten

Haselnuß-Soufflé
85 g Butter
40 g Zucker
3 Eigelb
abgeriebene Schale von ½ Orange
90 g Haselnüsse, geröstet und gemahlen
3 Eiweiß
40 g Zucker
20 g Biskuitbrösel
20 g Butter
20 g Zucker

Brombeeren in Whiskylikör
100 g Brombeer- oder Johannisbeergelee
abgeriebene Schale von 1 Orange (unbehandelt)
Saft von 1 Orange
abgeriebene Schale von 1 Zitrone (unbehandelt)
Saft von 1 Zitrone
300 g Brombeeren
4 cl Whisky
Puderzucker

Tonkabohneneis
250 g Sahne
250 ml Milch
100 g Zucker
1 EL Tonkabohnenessenz
2 Eigelb
2 Eier

Zubereitung

Haselnuß-Soufflé
Butter und Zucker mit den Rührbesen des Handrührgerätes schaumig schlagen.
Eigelb und Orangenschale zugeben, nochmals schaumig schlagen und die Hälfte der Haselnüsse zugeben.
Eiweiß und Zucker steif schlagen und die Hälfte davon mit der Buttermasse verrühren.
Den Rest der Haselnüsse, die Biskuitbrösel und die zweite Hälfte des geschlagenen Eiweißes vorsichtig unterheben.
Vier feuerfeste Soufflëförmchen (Durchmesser ca. 7,5 cm) mit Butter auspinseln und mit Zucker ausstreuen.
Die Masse gleichmäßig darin verteilen und die Förmchen in eine flache Schale mit etwas Wasser stellen.
Die Schale in den vorgeheizten Backofen schieben und bei 190° C (Heißluft 170° C) etwa 25 Minuten backen.

Brombeeren in Whiskylikör
Gelee, Orangen- und Zitronenschale, Orangen- und Zitronensaft gut vermischen und einmal aufkochen lassen.
Die Brombeeren zugeben. Den Whisky beigeben, flambieren und sofort von der Flamme nehmen. In die Mitte des Soufflés eine Mulde drücken und die Brombeeren im noch warmen Zustand in die Mulde geben.

Tonkabohneneis
Sahne, Milch, Zucker und Tonkabohnenessenz aufkochen.
Die Eier verrühren und in das Sahne-Milch-Gemisch einrühren. Zur Rose abziehen, passieren und in der Eismaschine frieren.

Das Soufflé mit Puderzucker bestreuen und mit Tonkabohneneis servieren.

Haselnußsoufflé mit Brombeeren in Whiskylikör mit Tonkabohneneis

Zum Abschluß eine Frucht mit Z: Zitronen geben dem Whiskylikör feine Säure

Vorspeisen

Suppen

Zwischengerichte

Fischgerichte

Fleischgerichte

Desserts

Unbestritten ist Johann Lafer seit vielen Jahren der Fernseh-Koch der Nation. Mit weit über hundert Sendestunden im Jahr auf allen wichtigen Programmen prägt er das kulinarische Geschmacksbild der Deutschen wie kein anderer

Frohe Botschaft an die Fernseh-Nation: Kochen macht Spaß!

Wie ein großer Koch Herz und Herd eines Millionenpublikums erobert: Johann Lafers kulinarische Sendung

Johann Lafers kulinarische Sendung – so könnte man ein wichtiges Kapitel im Leben dieses Kochs zusammenfassen, denn im Wort „Sendung" ist sowohl die Bedeutung der Mission, des Apostolats, enthalten wie auch die Ausstrahlung in Hörfunk und Fernsehen. In Johann Lafers Fernsehproduktionen verbinden sich diese beiden Bedeutungen wie Wein und Fleischsaft in einer seiner Saucen. Johann Lafer sieht sich verpflichtet, die kulinarische Bildung der Deutschen zu heben. Er weiß, daß jede Kunst den Humus braucht, aus dem sie sich ernährt und aus dem sie dann zu erstaunlicher Höhe heranwächst, so daß man bei ihrem Anblick beinahe den Grund vergißt, der sie hervorgebracht hat. Johann Lafer weiß genau, was die Basis seiner Kochkunst ist, ein ganzes Land, eine alte Kultur stehen dahinter, kein Kochbuch und kein Kochkurs können das ersetzen. Aber man muß irgendwo anfangen – diese praktisch-konkrete Überzeugung teilt Lafer mit den pädagogischen Urbegabungen, die vor der Unmöglichkeit ihrer Aufgabe nicht zurückweichen. Denn eines ist ihm klar: Wenn es nicht gelingt, den Deutschen, und zwar auch denen, die niemals sein Restaurant betreten werden, einen tieferen Begriff von der Küche und vom Essen zu verschaffen, dann wird die große Küche eines Tages im luftleeren Raum hängen. Die Kunst kann immer nur so gut sein, wie das Publikum es ihr gestattet. Es ist die Kennerschaft, die das äußerste erst aus der Kunst herausfordert und -fördert. Lafer ist davon überzeugt, daß der Mensch bestimmte Geschmacksnuancen schon als Kind erfahren haben muß, um jemals mit Sicherheit kulinarische Qualität beurteilen zu können. Im Dunstkreis des häuslichen Küchenherdes wachsen die späteren Kochkünstler und die späteren Genießer der Küche heran. Johann Lafers von der spröden Realität niemals zu trübende Vision ist ein Volk von begeisterten Köchen und Köchinnen; überall soll es brutzeln und dampfen, dann ist ihm vor der Zukunft der Ernährungskultur in Deutschland nicht bange.

Eine Fernsehsendung hat den Steirer Johann Lafer in seinem zweiten Heimatland Rheinland-Pfalz bekannt und beliebt gemacht: Der „Fröhliche Weinberg", in dem er gemeinsam mit der Sängerin und Kabarettistin Ulrike Neradt allmonatlich durch ein buntes regionales Freitagabend-Programm des Südwest-Rundfunks führt

Im Kulinarischen liegt eine Versuchung, die den Adepten immer weiter auf die Bahn der Vollendung lockt. Wer unter Lafers Leitung erfahren hat, daß ihm einfache, aber überraschend wohlschmeckende Gerichte gelingen, wagt sich allmählich auch weiter in das Reich der großen Küche hinein. Das Essen wird auf einmal wieder mehr als bloße Nahrungsaufnahme. Es gehört zu den Grundfakten der Kultur, daß sie die elementaren, den Menschen mit dem Tier gemeinsamen Triebe veredelt; man könnte sagen, Kultur heißt aus etwas Lebensnotwendigem etwas Luxuriöses, aus der Not ein Fest zu machen. Die Deutschen waren in den Jahrhunderten, in denen sich die französische Küche entwickelte, überwiegend sehr arm; die Kriege des letzten Jahrhunderts sorgten dafür, daß die meisten froh waren, wenn sie satt wurden. Für Lafer ist dieser finstere Hintergrund kein Gesetz für die Ewigkeit. Gutes Kochen beginnt für ihn nicht mit der Fülle köstlicher Produkte, sondern mit einer veränderten geistigen Einstellung. Kochen ist leicht, das ist seine Botschaft. Genießen beginnt mit wenigen Handgriffen. „Sie essen gern Wurstbrot?" fragt er lächelnd. „Das kann man im Stehen am offenen Eisschrank tun, man kann aber auch das Brot in der Pfanne mit ein wenig Olivenöl und Knoblauch braten, dann ist ein Wurstbrot im Nu ein schönes kleines Gericht."

Vom Essen reden: das war in Deutschland lange keine Selbstverständlichkeit. „Loben und Tadeln ist portierisch", hieß eine Wiener Regel, ohne Kommentar sollten die Speisen bleiben, denn wenn sie gut seien, sei das eine Selbstverständlichkeit, und wenn sie mißraten waren, sollten die Gastgeber nicht beschämt werden. Es gibt aber auch ein genießerisches Sprechen über das Essen, das die Lust steigert. Deutsche Reisende registrierten verblüfft, daß in Frankreich im Kreis von Intellektuellen oder in der großen Gesellschaft oft ein ganzes Abendessen lang von nichts anderem als der Kochkunst die Rede war. Man diskutierte dort die Gerichte, sprach von abweichenden Rezepten anderer Regionen, schilderte kulinarische Erlebnisse, als ob man von der Politik oder von der Liebe spräche.

Wer etwas Lustiges oder Interessantes zu erzählen oder vorzuführen hat, ist im ebenso volkstümlichen wie „Fröhlichen Weinberg" nicht weniger willkommen als ein prominenter Gast wie hier Heike Drechsler, die Weltrekordlerin im Weitsprung. Und natürlich wird gekocht, gegessen, getrunken und gesungen

Nun waren solche Gespräche allerdings vom Duft der auf dem Tisch stehenden Schüsseln genährt. Wenn Johann Lafer im Fernsehen über das Essen spricht, haben seine Zuschauer keinen soeben aus der Küche gekommenen Teller vor sich. Eine Lafersche Sendung ist auf dem Gebiet der Kochkunst, was der erotische Film für die Liebe ist. Die Sprache und das Bild müssen die Sache selbst ersetzen. Sie müssen noch mehr leisten: Sprache und Bild müssen die Sache noch schöner und genußvoller machen, als sie in Wirklichkeit sein kann, denn sie wollen eine träumerische Sehnsucht wecken, die nicht ungern unbefriedigt bleibt. Auch wer den kategorischen Imperativ der Lafer-Sendungen „Nachkochen!" nicht befolgen will, muß durch das bloße Zuschauen innerlich angenehm erwärmt sein.

„Korf erfindet eine Mittagszeitung,/ welche, wenn man sie gelesen hat,/ ist man satt./ Ganz ohne Zubereitung / irgend einer andern Speise./ Jeder auch nur etwas Weise/ hält das Blatt", dichtet Christian Morgenstern und entwirft damit eine Poetik der Laferschen Fernsehauftritte. Lafers steirischer Akzent gibt seiner Sprache das Vollsaftige, das ein Wort mit dem von ihm bezeichneten Gegenstand zu verbinden vermag. Wenn Lafer „Apfelstrudel" sagt, strudelt es über ein gerolltes R und ein brunnendunkles U so tönend und appetitanregend, daß ein realer Apfelstrudel schon ganz ungemein gut sein müßte, um die Hoffnungen, die der von Lafer gesprochene „Apfelstrudel" geweckt hat, einlösen zu können. Aber es ist auch ein Bewußtwerdungsprozeß mit dem Sprechen über die Küche verbunden. „Was ich nicht besprochen habe, habe ich nicht geschmeckt", könnte Johann Lafer sagen. Diffuser Wohlgeschmack, in der der Genießende sich verliert, verführen zur Passivität und ermutigen nicht zur Kreativität. Schöpferisch, wenigstens in der Phantasie, will Johann Lafer seine Zuschauer machen. Und zugleich beweist er, daß auch die intellektuelle Anstrengung von Analyse und Beschreibung unmittelbar mit Lust verbunden sein kann. Er lädt die einfachsten Sätze so auf, daß für den Hörer eine Verheißung darin enthalten ist.

Als Küchen-Präzeptor im Fernsehen ist Johann Lafer auch Schauspieler, Koch-Darsteller. Daß einer das, was er ist, auch auf der Bühne repräsentieren kann, ist viel seltener, als gemeinhin geglaubt werden mag. Der Inbegriff des Bayerntums, Karl Valentin, war Sachse, der Inbegriff des Wienerischen, Hans Moser, war Franzose. Es ist fast eine Regel, daß Selbstdarstellung häufig enttäuscht, weil erst der Abstand und die Fremdheit den treffenden Blick auf die eigentliche Natur der Sache möglich machen. Um bei einer Konkurrenz von mehr als fünfzehn Kochsendungen, die jeden Tag laufen, zum unverwechselbaren König aller Köche im Bewußtsein einer zerstreuten Zuschauerschar zu werden, bedarf es der Fähigkeit, sich für die Öffentlichkeit noch einmal neu zu erfinden. Das ist Johann Lafer gelungen. Er hat sich zu etwas gemacht, was es nach der Auflösung der überlieferten gesellschaftlichen Strukturen, der traditionellen Berufstypen und Stände eigentlich gar nicht mehr geben kann: zu dem Koch schlechthin.

Das beginnt mit dem Gesicht und seiner Einprägsamkeit. Johann Lafer stammt aus dem Raum der alten Donaumonarchie und ihrer faszinierenden und kulturträchtigen Menschenmischung. Gewiß, er ist ein Steirer, aber in der Steiermark hat es immer auch slawische, sogar türkische Einflüsse gegeben. Der akkurate säbelförmige Schnurrbart, der von der feinen gebogenen Nase in zwei wie mit der Nagelschere ausgeschnittene Teile zerteilt wird, die dunklen nahe beieinander stehenden Augen, die sich über die hohe Stirn ringelnde schüttere Locke sind Merkmale des altösterreichisch-balkanischen Kavaliers oder Leutnants. Lafers Gesicht könnte sich ein guter Karikaturist im Nu einprägen, und das ist, wie man weiß, eine Voraussetzung der großen Berühmtheit. Der Teint ist gesund, auch wenn die Maskenbildnerin ihn nicht mit einem dicken Pinsel orangefarben pudert, wie der Meister ein Hähnchen mit Paprika bestäuben würde. Etwas Altmodisches, Zufriedenes geht von ihm aus.

Die teure Küche mit ihren Farbkuben im Stile des Piet Mondrian sieht, wenn Lafer lächelt, viel weniger einschüchternd aus. „Ich komme aus einer traditionsreichen Welt, ich bin ein Mann des Volkes, ich liebe die einfachen Genüsse, und das alles habe ich mir auch in einer chromfunkelnden technischen Moderne unbeschädigt bewahren können", scheint er zu sagen. „Fortschritt und ein gemütvolles, sinnliches Genießen sind kein Widerspruch. Wir bleiben uns treu und können zugleich vergnügt in die Zukunft sehen. Was kostbar war an unserer Vergangenheit, das nehmen wir mit, und wenn es auf den Mars gehen sollte." Dieses Mutmachen ist ein Abzeichen seiner Sendungen, hinter dem Mut, selber ein Hähnchen zu braten, steht der Lebensmut. „Kochen ist leicht", sagt Johann Lafer wie ein liebenswürdiger Verführer, aber seine Zuschauer hören daraus: „Leben ist leicht." Das ist die pädagogische Täuschung, die wir um so nötiger haben, desto weniger sie stimmt.

Kaum vorstellbar, welche Anspannung hinter diesem Bild von Gesundheit, Harmonie und guter Laune steht. Wer sich klarmacht, daß Johann Lafer in einem Jahr weit über einhundert Fernsehstunden zu füllen hat, der ahnt, welch immenser Aufwand an Kraft und Zeit in diese Produktionen geht. Filmemachen ist dem Kriegeführen vergleichbar, so kompliziert ist die Logistik, die Planung jedes Tages, das Zusammenwirken vieler Menschen, die alle eingespielt an ihrem Platz das Richtige tun müssen, um die kolossale Maschine zu einer gleichmäßigen Bewegung zu bringen. In Guldental ist in der Scheune des einstmals bäuerlichen Anwesens, das heute auch Lafers Kochschule „Table d'Or" beherbergt, ein hochprofessionelles Filmstudio entstanden, das Lafer erlaubt, seine Kochfilme zu machen und dennoch die Restaurants auf der Stromburg nicht zu vernachlässigen. Hier steht ein Bühnenbild, durch dessen französische Fenster Lorbeerbäume zu sehen sind, ein Landhaus ist imaginiert, dessen Herz eine Küche ist – wie man sich denn in der Welt des Johann Lafer kaum einen Ort vorstellen kann, an dem es weit zu einer Küche ist. Aber die elegante farbenfrohe und überaus praktische Küche, in der sich der Meister während seiner Sendungen bewegt, ist zwar real mit echten Herden und Öfen, und ist doch zugleich Kulisse, denn die eigentliche Kocharbeit wird in einer Küche dahinter geleistet. Es erheitert, die blitzende Küche im Vordergrund mit ihren fleckenlosen Arbeitsflächen, ihren frischgescheuerten Spülbecken, ihren Herden, auf denen noch niemals die Milch übergekocht ist, zu sehen – und dann in die eigentliche Küche hinter den Kulissen einzutreten.

Kochen ist leicht – fast könnte man's glauben, wenn man Johann Lafer beim Kochen vor der Kamera zuschaut. Aber hinter den Küchenkulissen in Lafers Guldentaler Fernsehstudio wirkt, nicht nur bei der SWR-Sendung „Himmel un' Erd", sein Assistent Walter Curman, der als hochversierter Koch manches für die Fernsehzuschauer unsichtbare Küchenchaos zu bändigen und alle Speisen in den unterschiedlichsten Stadien ihrer Zubereitung zu Demonstrationszwecken vor den Kameras bereitzuhalten hat

SW

ZDF
ZDF

Verschnaufpause für Johann Lafer beim Drehen einer Sendung für die Serie „Genießen auf gut deutsch“ (ZDF/3sat). Diese erfolgreiche Dauer-Serie wurde als beste deutschsprachige Kochsendung ausgezeichnet

„Kochen ist leicht“ – das ist wahr und zugleich ein Märchen. Lafer ist in seinen Sendungen Lehrer und Zauberer in einem. Jeder, der schon einmal Spiegeleier gebraten hat, weiß, wie eine normale Küche danach aussieht. Der unpoetische Aspekt der Kocherei ist das Spülen und Aufräumen – übrigens auch nur für den Dilettanten, denn ein gelernter Koch ist gewohnt, jede freie Minute zu nutzen, und ordnet und wischt und stellt weg, sowie ihm eine Sauce oder eine Suppe ein paar Minuten Verschnaufpause schenken. Das Aufräumen und das Kochen verschränken sich in einer gut geführten Küche reißverschlußartig. Und dennoch gibt es in dieser Küche hinter den Kulissen Augenblicke eines furchterregenden Chaos. Um vorn im Scheinwerferlicht die Vorstellung von einer sich mühelos aus dem Becher lösenden Forellenmousse zu geben, wird in der fensterlosen Küche von den Assistenten eine Materialschlacht geschlagen. Jedes Gericht, das Lafer vorn präsentiert, muß während der Aufnahmen in allen Stadien der Vorbereitung greifbar sein – als rohes Stück, in den verschiedenen Phasen des Kochens und als fertiges Gericht. Für eine Szene sind viele Aufnahmen nötig, und für jede Aufnahme muß das Gericht in dem Grad seiner Entwicklung zu haben sein, der eben gebraucht wird. Für die Schönheit der Photographie wird nur ein ganz klein wenig gemogelt. Falsche Farben und Lacke kommen nicht zur Anwendung, obwohl solche Hilfsmittel in dem inzwischen hochentwickelten Zweig der „food photography“ nicht unüblich sind. Ein Lafer-Fernsehgericht kann man essen. Fleisch wird allenfalls nicht gesalzen, damit kein Fleischsaft austritt, die Speisen werden mit Mineralwasser oder Öl besprengt, um verlockender zu glänzen, und die Bouillon, deren Gemüse beim Kochen matt geworden ist, wird für die Kamera mit frischem Gemüse versehen.

Es ist ein Trost für den Laien, daß die Schlacht, die hier hinten geschlagen wird, nicht ohne Spuren bleibt. Die Aluminiumtische verschwinden unter Bergen von verschmierten Schüsseln, tropfenden Küchengeräten, Eierschalen, fettigem Papier und offenen Flaschen. Darüber zeigt der Monitor die Situation im Studio. Die Assistenten wissen, daß Lafer gern von dem akribisch geplanten Programm abweicht, wenn er beim Anblick der Produkte plötzlich einen besseren Einfall hat. Dann heißt es schnell zu reagieren. Wie die Moderatoren jeder großen Fernsehshow ist auch Lafer zwar der Kopf, als Darsteller aber nur die sichtbare Spitze der hinter und um die Szene herumwimmelnden Schar. Die perfekte Organisation einer Restaurantküche, in der jeder Handgriff durchdacht ist und jeder Arbeitsablauf genau geplant, wird bei den Fernsehproduktionen zu ihrem Höhepunkt geführt, der für jeden, der nur die Produktion, nicht aber den Film sieht, etwas Surrealistisches haben muß. Es wird mit hohem Tempo gekocht und gebacken, aber niemand wird die Gerichte essen. Das rohe Material und das fertige Gericht werden unmittelbar hintereinander gefilmt, als existierten diese verschiedenen Zustände nebeneinander in zeitloser Ewigkeit. Was zählt, ist nur das Bild; üppige Küchendüfte erfüllen die Luft, aber die Schauküche liegt schon wieder jungfräulich da, als habe man noch gar nicht angefangen zu kochen. Wie in einem Gehirn, das in der Rohsubstanz schon das fertige Gericht schauen kann, sind in Lafers virtueller Kochwelt alle Stadien einer Zubereitung gleichzeitig in voller Deutlichkeit präsent.

Es ist, als möchte Johann Lafer ein Versäumnis seiner Jugendjahre gutmachen – wie ein neuer Parzival geschwiegen zu haben, als es darum gegangen wäre, das rechte Wort zu finden. Es war in den legendären „Schweizer Stuben“, als der junge Pâtissier vom Chef ins Restaurant gerufen wurde, wo begeisterte Gäste ihn für seine Petits-fours loben wollten; ein solches Heraustreten aus der großen Brigade war dort eine unerhörte Ausnahme. Statt eines Ordens ließ man dem jugendlichen Meister einen erlesenen Cognac kommen, einen Centenaire. Lafer hatte keine Erfahrung mit solch edlen Antiquitäten, aber er wußte, wie die Bauern zu Hause in der Steiermark einen Kurzen kippen, hob den Kristallpokal an die

Seine kulinarisch-pädagogische Mission erfüllt Johann Lafer auf vielen Fernsehkanälen. In einer Studio-Konferenz diskutiert er mit ZDF-Redakteurinnen die nächsten Schritte der Sendung „Genießen auf gut deutsch“; in „Himmel un' Erd“ setzt er Gourmet-Küche gegen die Kunstfertigkeit hausfraulich-regionalen Kochens; und stolz präsentiert er sich bei der zweihundertfünfzigsten Sendung „Johann Lafer kocht“ im Vorabendprogramm der ARD

Im Fernsehen ist Johann Lafer auch dann gern gesehener Gast, wenn er nicht am Herd steht. Ob in Talkshows oder Unterhaltungssendungen („Verstehen Sie Spaß?", „Zimmer frei", Gottschalks „Na so was!") – gern und gutgelaunt erzählt er von Küche und Keller. Auch einen Auftritt bei Max Schautzers „Pleiten, Pech & Pannen" absolviert er gelassen und voller Humor

Lippen und tat es ihnen nach. Als einer der Gäste des kulinarisch hocherfahrenen Ministers Talleyrand einst so etwas getan hatte, war er von dem alten Diplomaten belehrt worden: „Wenn Sie das nächste Mal einen solchen Cognac angeboten bekommen, dann nehmen Sie ihn zunächst in die Hände und erwärmen ihn behutsam. Dann heben Sie das Glas an die Nase und atmen den Duft ein, der daraus aufsteigt. Dann betrachten Sie die Farbe des Cognacs im Licht. Und dann – stellen Sie ihn wieder hin und reden Sie darüber." So schön drückte sich Lafers Chef nicht aus, aber Lafer schämte sich um so mehr und spricht seitdem – so begabt und beredt, daß die Sprache wirklich den materiellen Genuß beinahe zu ersetzen, jedenfalls aber zu überhöhen vermag.

Zu der Botschaft, daß Kochen Spaß macht, gehört auch das Spielerische und Appetitliche der im Studio aufgebauten lukullischen Stilleben. Die Substanzen erscheinen angenehm, sie sind geputzt und präpariert. Der assistierende Koch Walter Curman, Österreicher auch er und guter Geist hinter den Küchenkulissen, hat nun schon vier Mal Poularden paniert und gebraten und legt nun die Bestandteile des Gerichtes auf einer Marmorplatte zurecht. Halb sind die Poulardenschenkelchen gehäutet, das Salz erhebt sich daneben als kleine mineralische Pyramide, bräunlich schiebt sich die Paniermehl-Pyramide dahinter. Eine dicke Knoblauchzwiebel ist mit dem großen Messer durchgeschnitten worden, die beiden Teile klaffen weiß auseinander. Orangefarben überragt ein Stück Kürbis die kleineren Teile und schließt sie optisch zusammen. In Glaskrüglein stehen die Flüssigkeiten dabei, die später alles tränken und umhüllen werden: der Zitronensaft, die Fleischbrühe, die Sahne, der Weißwein. Und nun schiebt sich die Kamera wie ein lebewesenähnlicher Roboter aus der Dunkelheit an das warm ausgeleuchtete Stilleben heran. Die Kamera hat ein Stielauge. Das Stilleben prunkt selbstgefällig, und die Kamera ist darauf fixiert und saugt das phantasieanregende Bild gierig in sich ein. Wie ein Tantalus, der in der Unterwelt der Antike beständig herrliche Speisen und Früchte vor sich sah, die aber zurückwichen, wenn er nur die Hand danach ausstreckte, blickt die Kamera gebannt auf die ausgebreitete Heiterkeit dieser verheißungsvollen Vorbereitungen. Während dieses versteinerten Dialogs zwischen Stilleben und Objektiv machen die vielen Mitarbeiter, die an der Entstehung dieses wort- und bewegungslosen Miniaturdramas mitgewirkt haben, einen weiten Bogen um den Marmortisch. Es ist wirklich, als wollten sie die magische Entfaltung des Stillebens nicht stören, solange die Kamera sich nicht der Sache bemächtigt hat. In Lafers Umgebung arbeitet eben selbst die leblose Materie; derweil jongliert der junge Texaner, der so genießerisch aussieht wie ein verwöhntes Baby, ein Ausdruck der Eßlust und der Lebensfreude, der Lafer in manchen Sendungen dekorativ als Küchenjunge zur Seite steht, mit drei dicken Pflaumen, die noch auf ihre Bestimmung warten.

Eine Störung tritt ein. Die Kameramänner stecken ernst die Köpfe zusammen. Dies hochprofessionelle Filmstudio ist eingepflanzt in die bäuerliche Welt von Guldental, die hier drinnen nicht zu ahnen ist, die nun aber doch eindringt, mit ihrer bescheidensten Botin. Eine Fliege hat sich durch die schwarzen Tücher und die Kulissen nach vorn gekämpft, wo es so verführerisch duftet. Sie begreift nicht, daß dies kein Reich des Überflusses ist, sondern eine Welt des Scheins. So klein die Fliege ist, auf den Monitoren wirkt sie riesengroß, ein impertinenter, sich ruckhaft über die Poulardenschenkelchen schiebender Punkt. Würde sie sich in die Tiefen des schwarzen Raums flüchten, wäre sie gerettet, aber sie will in der von Nahrung überhäuften Wärme bleiben. Die Kameramänner machen Jagd auf die Fliege. Sie entkommt immer, und sie kehrt immer wieder ins Bild zurück. Lafer beteiligt sich nicht an der Jagd. Diese Pause gibt ihm Gelegenheit zum Atmen. Die Anspannung des sieghaften, werbenden Lächelns, des geheimen Magneten seiner Auftritte, weicht von ihm. Diese Fliege ist wie ein Gruß der Vergangenheit: wie weit hat ihn die Lebensreise geführt vom

Küche 2000
Schweine-
Rollbraten
Take 5/12

Johann Lafer hält die Klappe; er kann eben auch ein Mann der eher leisen Töne sein. Die heitere, gelassene und professionelle Weise, in der, wie alle seine Sendungen, auch „Genießen auf gut deutsch" produziert wird, spiegelt sich im Blick auf das Team, mit dem Lafer dieses Format für ZDF/3sat in seinem Studio erarbeitet

heißhungrig genossenen Bauchfleisch am Schlachttag auf dem mütterlichen Hof bis in diese Scheune, die nie mehr Heu aufnehmen wird und in der die Speisen nicht zum Essen da sind, sondern um photographiert zu werden.

Eine neue Szene wird beraten. Ernsthaft wie ein Kind zeigt er dem Kameramann, was er zu tun vorhat. „Ich werde dann hier gießen, dann quirlen, dann Sahne hinzugeben..." Die Hände bewegen sich im Leeren, aber wenn dann der Ruf erschallt: „Auf geht's, Buam, aufzeichnen!" und Lafer nun Flaschen und Krüge in den Händen hält, wird er dennoch nicht zu sprechen aufhören, sondern fortfahren, jede Handlung auch zu beschreiben: „Ich schmelze jetzt Zucker in der Pfanne" – und tatsächlich, der Zucker schmilzt, „ich gebe nun etwas Portwein hinzu" – es zischt und eine alkoholische Dampfwolke verhüllt für einen Augenblick das entzückte Gesicht des Kochs, „ich reibe nun etwas Limonenschale" – und hellgelbe Flocken schneien in die Pfanne. Ein atemloser Sprechstil entsteht durch dies akribische Begleiten der Handlungen. Gehört es nicht auch zu den Tricks der Zauberkünstler, während ihrer Vorbereitungen unablässig zu reden?

Auch Kochen ist eine Verwandlungskunst, die das Vertrauen ihres Publikums fordert. Gespannt und herzlich hat Lafer gelächelt, jeder Schritt ist gelungen, sein Gesicht wendet sich fragend ins Dunkel, aber von dort her kommt der Ruf des Regisseurs: „Eine schöne Probe, aber das war eine Minute zu lang!" Lafer steht wie vom Schlag getroffen. Er sieht nicht, wie man dies Rezept kürzer präsentieren könnte. „Dann muß der Zucker schon geschmolzen sein!" „Vor allem darfst du nicht so viel mit dem Assistenten reden, wie toll das Kochen ist, das verschlingt die Zeit!" Das Spiel der Augenfältchen muß anfeuernde Kommentare ersetzen. Und der Regisseur weiß, daß solch wortloser Charme zu Lafers Stärken gehört. Lafer benötigt nicht viel bedeutenden Text, um seine Wirkung hervorzubringen. Die hieb- und stichfeste Information, die in die kurze Sendezeit hineingepreßt werden muß, erlaubt nicht viel rhetorische Garnierung. In schlichte Sätze wie „Kochen macht Spaß", „Honig ist gesund" muß Lafer alles hineinlegen, was ihm bei seinem Millionenpublikum Autorität verschafft. Wenn er einen Studiogast empfängt, klingt sein „Ich freue mich, daß Sie gekommen sind" so herzlich und eindringlich, daß der Zuschauer aufhorcht. Es ist eine unsichtbare und dennoch fast körperliche Verbundenheit mit dem Publikum, die Johann Lafer durch seine Sendungen trägt.

Unterdessen arbeiten viele Hände an der Wiederholung der Szene. Weniger Flüssigkeit soll in der Pfanne sein, damit die Sauce im Bild gleich sämiger erscheint. Das Stilleben aus Pflaumen und Limetten steht ungünstig, und alle anderen Flaschen müssen auch zusammengeschoben werden. Als die Aufnahme nun wieder beginnt, sind alle Zutaten in einer Ecke des Herdes zusammengedrängt, als sei die Platte abschüssig. Eine Helferin poliert den Pfannenstiel, damit er blinkt wie eine Messerklinge. Aber das Kameraauge hat seine verzaubernde Reise über Gesichter und Speisen schon begonnen. Die neue Anordnung schüttelt sich zurecht, jetzt erscheint alles im besten Licht. Tief taucht die Kamera jetzt in die Pfanne. Dickflüssig glänzt der Portweinsaft, die dicken Pflaumen schimmern fleischig, wie Lebewesen drängen sie sich zusammen; im Hintergrund kommt noch ein hellgrün leuchtender Fleck, ein unscharf aufgenommenes Pfefferminzblatt dazu. Aus Gurkenstücken, die wie Jade leuchten, taucht der Zylinder einer Forellenmousse auf; seine Spitze ist mit rosigem Kaviargelee bedeckt, das im Licht zu glühen beginnt. Oder sollte die Mousse in dramatischem Dunkel versinken, sollte das Kaviargelee wie ein Leuchtturmscheinwerfer erstrahlen? Wie beim Ikebana wird bis zuletzt hin- und hergerückt. Ein Estragonblatt wird austariert, als liege es auf der Goldwaage. „Nachkochen!" – wird das gelingen? Daß dieser Zweifel bleibt, ohne damit zugleich Desillusionierung und Entmutigung hervorzubringen, gehört zu den geheimen Attraktionen, die Lafer als Fernsehkoch unwiderstehlich machen.

Die seltenen Augenblicke der Entspannung genießt Johann Lafer am liebsten mit seiner Familie. Sein größtes Glück ist die kleine Jennifer, die ihm daheim verständig am Herd assistiert – und manchmal überrascht sie den Papa und brät ihm stolz ein Spiegelei

Ein Küchenmädchen verzaubert den Koch

Wie der Vater zu seinem Kind spricht, und wie die Tochter den Vater versteht: Johann Lafer kocht mit Jenny

Im einstigen Pfarrhaus von St. Jakobus zu Guldental, im Schatten der schönen Kirchenmauern, haben die Lafers ihr Refugium. Hier versuchen Silvia, Jennifer und Johann Lafer in den seltenen gemeinsamen Stunden, das Glück familiärer Normalität zu finden, das ihnen ihr aufreibendes Leben zumeist versagt

Der Heilige Jakob der Ältere liegt in Santiago di Compostela begraben. Der Atlantikstrand dort in Nordspanien ist mit den großen flachen Muscheltellern bedeckt, die sich die Jakobspilger des Mittelalters an den Mantel nähten. „Coquilles Saint Jacques" zählen zu den Köstlichkeiten des kalten Meeres, ihr Fleisch kann dem Kalbfleisch gleichen, und der orangefarbene Rand leuchtet aus milchigen Saucen appetitanregend heraus. Die katholische Pfarrkirche in Guldental heißt Sankt Jakobus, und ein muschelgeschmückter Heiliger Jakob, als sein eigener Pilger kostümiert, steht im Innern des schönen neugotischen Baus. Ist es ein Zufall, daß ein Jakobsheiligtum mit seiner Erinnerung an eine der großen Delikatessen seine Flügel über den Garten und das Haus von Johann Lafer breitet? Als Silvia Lafer ein kleines Mädchen war, wohnte der Pfarrer noch in dem Haus, in dem sie heute mit Johann Lafer und der gemeinsamen Tochter Jennifer lebt. Die ganze Nordseite des Kirchenschiffs sieht auf den Lafer-Garten mit seinen meerschaumfarbenen Rosen herab.

Wer in diesem Garten steht, vom Glockenklang eingehüllt, der die Stille nur noch vertieft, glaubt sich in einem fernen, heilen Deutschland; das Fernsehstudio auf der anderen Straßenseite, in dem für das große Publikum Lafer-Filme produziert werden, ist von hier aus nicht zu ahnen. Die Dörflichkeit von Guldental, die Johann Lafer angezogen hat, weil sie der eigenen Herkunft so tief entsprach, ist in diesem Garten noch intakt. An der Gartenmauer plaudern Angler von ihren Nachmittagen an den Teichen: „Der Waller geht gern auf Regenwürmer und Schnecken", ruft ein braungebrannter Mann zum Fenster des Nachbarn hinauf. Ein Vogelzwitschern aus einer verborgenen Volière trägt einen Sängerkrieg mit den frei herumfliegenden Singvögeln aus. Auch im alten Pfarrgarten der Lafers gibt es eine Volière; hier flattern zwei kostbare grün und rote Papageien, die ihr exotisches Kreischen in den Vogelchor der Einheimischen einbringen.

Guldental ist eine deutsche Idylle, von den zarten Rissen durchzogen, wie sie auf Gemälden als Craquelé sogar geschätzt werden – was ist eine Idylle ohne Melancholie? Der Kleinbauernbub aus Sankt Stefan ist hier in eine kulturell sehr dichte, geradezu massiv gewachsene Welt geraten, deutsche Provinz, wo sie am eigenständigsten und stärksten ist. Das Nahetal hat nicht den Weltruf des Bordelais, aber die Weinbauern wissen, was sie produzieren und sind auf souveräne Weise stolz auf ihren Wein. In Lafers Steiermark stand Apfelmost auf dem Tisch, den Johann Lafer, der sonst allem Heimatlichen eine verehrungsvolle Treue hält, nie gern getrunken hat. In Guldental saß die Familie seiner Frau natürlich beim eigenen Weißwein. Die Buchholzens waren eine Großfamilie, zwanzig Personen saßen lange Zeit am Mittagstisch. Kaum berührt vom Ruhm des Johann Lafer blüht das Gasthaus „Kaiserhof", aus dem Silvia Lafer geborene Buchholz stammt, nur ein paar Häuser vom „Table d'Or" entfernt. In dieser geschlossenen, vielgestaltigen Welt war Johann Lafer, der Wanderer, angekommen; sein wundersames Genie traf auf eine seiner Herkunft verwandte Tradition. Eßkultur kann nicht wie im Laboratorium erzeugt werden. Obwohl wichtige Teile der anspruchsvollen Küche heute in einer Art Niemandsland für Kosmopoliten und Technokraten, die die Verbindung zu ihrer Herkunft abgebrochen haben, in künstlichen Umgebungen, einer vorweggenommenen „One-world" verwirklicht werden, ist es kein Wunder, wenn ein Koch Autorität gewinnt, der zwar für die neue Zeit kocht, aber nicht aus ihr stammt, sondern seine Wurzeln in ganz anderen Regionen hat.

Gegenüber vom alten Guldentaler Pfarrhaus breitet sich versteckt, dort, wo einmal eine große Scheune stand, das Fernsehstudio aus, in dem zu den Produktionszeiten dreißig Menschen und mehr an der Herstellung der Lafer-Filme arbeiten. In einem weniger wohlhabenden und gesetzten Organismus als Guldental würde solch ein Ort zum Energiezentrum des Dorfes. In Guldental wird ein Außenstehender gar nichts bemerken, wenn eines Tages Johann Lafer keine Fern-

Weit schweift der Blick von den Höhen der Weinberge über das idyllische Guldental hinweg zum Lauf der Nahe. Hier ist der Geburtsort seiner Frau, hier kam seine Tochter zur Welt, und hier, im Weinbauernland, hat auch Johann Lafer seine zweite Heimat gefunden

sehfilme mehr dreht. In der Nähe einer Fernsehproduktion mit ihrer Hektik haben Ruhe, Vogelstimmen, Bienensummen etwas Unwirkliches. Ein längerer Aufenthalt in den ausgeleuchteten Kulissen eines Fernsehfilms läßt die Kulisse zur Realität, die bloß von der sinkenden Sonne vergoldete Laube mit ihrem festlichen Tisch hingegen zu etwas Geträumtem werden. Und vielleicht ist es für Johann Lafer auch so. Er hat sich einen ganzen Tag lang vor der Kamera ausgegeben und wandelt nun, ein wenig benommen, in sein friedeerfülltes Biedermeier zurück. Die kleine Tochter eilt ihm entgegen und erzählt von den erregenden Ereignissen des Tages: Das weiße Kaninchen hat sich versteckt. Lafer hört die Stimme der Kleinen wie von weitem. Da steht das alte Haus, dort erheben sich die Spitzbogenfenster, der Organist übt, ein barockes Orgelstück füllt die warme Luft. In dieser Kirche wurde sein Kind getauft. Alles ist hier wie in den ersten Tagen, als er nach Guldental kam. Was hat sich verändert in seinem Leben?

Die Riesenmaschine, die er in Gang gesetzt hat, erscheint hier wie ein gewundenes kompliziertes Schneckenhaus, das die Schnecke weiterschleppen, vielleicht aber auch plötzlich abwerfen kann. „J L“ ist in die Champagnergläser eingraviert, das heißt Johann Lafer, aber auch Jennifer Lafer, das ist der Name der Tochter, der unbedingt auch mit einem J anfangen sollte. Trotz ihres englischen Namens ist das kleine Mädchen unverkennbar steirisch, ein Abbild der Mutter in Sankt Stefan, südlich dunkel, alpenländisch, mit der klar gemeißelten Stirn und den kräftigen Farben. Daß dieses Kind alles mitbekommen soll, was Johann Lafer sich an Erfahrung und Wissen erworben hat, ist ihm eine Selbstverständlichkeit. Aber wann wird es zwischen Weltausstellung und Staatsbankett, zwischen Fernsehaufnahmen und Kochschulen und dem täglichen Dienst an den Gästen auf der Stromburg dafür Zeit geben? Welche Sekretärin würde hier noch, am besten täglich, die Stunde für das Wichtigste, für Jenny, aus den vertanen Augenblicken des Tages zusammenbringen, so wie aus Fischköpfen und Gräten noch ein köstlicher Fond gewonnen werden kann?

Ein „Clochemerle“ sei Guldental, sagt Silvia Lafer und spielt damit auf jenes mythische ländliche Frankreich an, in dem die großen Sippen bei endlosen Mahlzeiten, haarsträubenden Streitereien, einem Leben mit den Jahreszeiten, mit Lebenslust und Tragik in unnachahmlicher Intimität zusammenhausten. Lafer kennt solche Welten, und er bejaht sie, er sieht sie als die dem Menschen am allergemäßeste Lebensform an – aber gehört er wirklich dazu? Wer Johann Lafer allmählich kennenlernt – und das muß bei einem so verschlossenen Menschen eine Weile dauern –, der begreift, daß vom Einzelgänger der Jugendzeit viel erhalten geblieben ist. Johann Lafer wird sich niemals in großer Gemeinschaft vollständig wohlfühlen. Ein Grübler und Beobachter ist dieser Mann, der die Massen beeindrucken und begeistern kann. Die Schar der Menschen, die bei Lafer zu Gast waren, ist groß, aber es kann nicht viele geben, die das eiserne Tor des alten Pfarrhauses passiert haben, um allein sein Gast zu sein, nach einem harten Tag, an dessen Abend Lafer für seine Frau und seine Tochter Koch sein will.

Seltsamer Augenblick. Ein Koch wie er ist so stark Koch für ein unabsehbares Publikum, virtueller Koch, Koch-Darsteller geworden, sein Kochen hat sich so weit von den alltäglichen Vollzügen des Lebens gelöst, daß die Vorstellung eines einsam sein Abendessen bereitenden Lafer geradezu etwas Absurdes hat: wie ein in der Badewanne singender Pavarotti, ein sein Gartentor streichender Picasso. Und auch die Familie weiß, daß dieses stille kleine Ereignis ungewöhnlich ist und sich so bald nicht wiederholen wird. Die kleine Jenny ist durch den Garten gelaufen und hat mit der Rosenschere dicke Rosenblüten abgeschnitten, die nun in einer silbernen Schale liegen. Aber das ist das einzige Element von Festlichkeit auf diesem Tisch. „Normalität“ ist ein kostbares und seltenes Gut in dieser Familie, und dennoch versucht sie, mit aller Kraft daran festzuhalten, daß es einen normalen harmonischen Alltag auch in ihrem Leben gibt.

Wenn der Vater mit der Tochter Spaghetti gekocht hat, ist dies allemal ein Spaß für beide gewesen – und nach so köstlichen Nudeln würden sich auch andere Kinder recken. Jennifer jedenfalls will genießen, was der Papa angerichtet hat

Die Einsamkeit im Leben eines ganz normalen Kochs, der irgendwo in der Großstadt seinen Dienst tut – das liegt weiter hinter Johann Lafer, der gleichwohl diese Erfahrung gemacht hat. Man sieht solch einen erschöpften Mann vor sich; er steht am Hinterausgang der Gastwirtschaft, seine weiße Jacke ist ein wenig schmuddelig, er schwitzt, er raucht und versucht die Erinnerung an die Hitze des Herdes und die Anspannung während der Hauptstoßzeit, als alle Gäste auf einmal ihr Essen haben wollten, loszuwerden. Er hat geschuftet, damit die anderen etwas auf den Teller bekamen, aber ihm selbst hat es dabei den Appetit verschlagen. Während der Arbeit hat er, ohne es selbst noch zu bemerken, immer wieder mal etwas in den Mund gesteckt, kleingeschnittenes Gemüse, Mayonnaise, ein wenig Hackfleisch. Essen war das nicht. Essen ist etwas für die anderen. Kann das, was man genau kennt, noch ein Genuß sein? Schließt das Genießen nicht immer eine Mischung aus Kennerschaft und Überraschung ein – genug Wissen, um überhaupt würdigen zu können, aber das Staunen deshalb nicht verlernt haben? Johann Lafer weiß, daß er als Kochkünstler verloren wäre, wenn das elementare Vergnügen an der Sache ihn verließe. Aber dies Vergnügen kommt nicht mehr von selbst, es muß mit Bewußtheit und Disziplin zelebriert werden. Das Abenteuerliche und Einsame am Kochberuf war einmal der Nährboden einer Phantasie, die ihn diesen Weg wählen ließ, der so weit von Sankt Stefan wegführte. Der Schiffskoch, das Traumbild seiner Jugend, enthielt diese Vision, auf hoher See, in der vollkommenen Ortlosigkeit in der Enge einer finsteren Kombüse Speisen zuzubereiten, die es auf dem Festland nicht gab, Seegetier, Pökelfleisch, fremdländische Ragouts. Ein Kochen gleichsam ohne Adressaten, ein Kochen „l'art pour l'art". Nein, ein kleines Familienessen ist davon weit entfernt – kocht er nicht für die Menschen, die er am meisten liebt?

Johann Lafer steht in seiner Küche, der Küche seines Wohnhauses, die er selten betritt, das Reich seiner Frau, die hier nur selten für ihn kochen kann, und blickt um sich. Da liegen Gemüse und Fleisch und Salate; das hat er sich alles vorbereiten und putzen lassen, denn Kartoffelschälen will er denn doch nicht in den kostbaren Stunden außerhalb der Pflicht. Er reckt sich in seiner Erschöpfung, er räkelt sich. Das ist die Geste eines großen Jungen, der sich ausschlafen möchte. Aber bei Johann Lafer ist es noch etwas mehr: In dieser unvermuteten Jungenhaftigkeit liegt wirklich eine Art Verjüngung, ein Abwerfen von Routine, eine Häutung, bei der die Berechnung eines von Pflichten beinahe erstickten Tages abgeworfen wird. Wie viele hart arbeitende und von vielen Menschen geforderte Geschäftsleute und Künstler besitzt Lafer die Fähigkeit zu blitzschneller Erfrischung. Wie aus einem sekundenlangen Meditationsmoment kehrt er mit neuem Schwung zum Augenblick zurück. Eben noch machte ihm die Müdigkeit die Knochen schwer, aber nun ist er aufgewacht. „Acharner" heißt im Französischen, einen Jagdhund mit einem Fetzen blutigem Fleisch wild für die Jagd zu machen. Auch Lafer hat jetzt ein schönes, lang abgehangenes Stück Rehfleisch gesehen und ist „acharné". Die Instinkte sind zurückgekehrt. „Ich will nur für andere dasein, ich will, daß andere sich über mein Essen freuen", das sind Worte, die man oft von Johann Lafer hören kann; er sagt damit gewiß die Wahrheit, aber doch nur die halbe, denn dieser Rückkehr der Lebenskraft beim Anblick eines makellosen Stücks Fleisch beweist auch, daß er auch kochen würde, wenn er wie in Saint-Exupérys „Kleinem Prinzen" einen unwirtlichen kleinen Stern ganz für sich allein bewohnen würde.

Kochen ist seine Art zu denken, zu sprechen, zu fühlen. Lafer als Kochender oder zum Kochen Entschlossener zu sich selbst erwachend – so könnte man ein Gedicht oder eine Ballettchoreographie nennen: Was nun beginnt, ist in hohem Maße motorisch. Ein Mensch fällt in lang vertraute Bewegungsabläufe hinein, die ihn tragen und weiterführen. Das Glück der echten Routine – es gibt keine Arbeit, es geschieht alles wie von selbst. Wenn Lafer vor Publikum kocht, muß er ununterbrochen reden, auch in der Küche seines Restaurants gehört das Reden dazu, wenn er erklärt, was er tun möchte. Schweigen zu können beim Kochen ist für ihn ein Geschenk. Er genießt dieses Geschenk. Es ist, als schwimme er in seiner Küche wie in einem anregenden Bad. Lafer, der einsame Koch, ist unschlüssig. Auch diese Unschlüssigkeit ist ihm wertvoll – einmal nicht wie aus der Pistole geschossen entscheiden müssen. Dann rafft er sich auf. Der Weg führt aus der Küche hinaus, über die kleine Treppe in den Garten: „Ist das nicht, als wohnte ich in der Rue du Cloître-Nôtre Dame auf der Ile de la Cité?" fragt er in Gedanken, indem sein Arm zu der Spitzbogenfront hinüber schwingt. Er ist ja ein Pariser gewesen, ein „provincial-parisien", als er sich bei dem Pâtissier Gaston Lenôtre den letzten Schliff und die große Anerkennung holte. Auf der Stromburg oben gibt es zwischen den Burgmauern und den romanischen Fenstern einen Kräutergarten wie in einem mittelalterlichen Kloster, halb Gewürz- und halb Arzneipflanzung im Schachbrettmuster; ein Garten, in dem man lesen kann wie in einem Buch. Aber von solcher enzyklopädischer Vollendung hat sein Hausgarten nichts. Ein Komposteckchen im Schatten beherbergt einige Büschel Petersilie und Schnittlauch. Lafers Augen wandern ziellos darüber hin. Findet er, was er sucht? Als er einen frischen grünen Rosmarinzweig abbricht, sieht er gar nicht an, was er da aufgelesen hat. Er ist jetzt in einer Versunkenheit, die man schon Trance nennen muß. Nur der Ruf seiner kleinen Tochter dringt in diese Intensität noch ein. Mit dem Zweig in der Hand steht er auf der Wiese und lauscht.

Wenn der Vater mit der Tochter Spaghetti ißt, geht auch mal was daneben – Jennifer findet das lustig, und auch der Papa muß lachen. Hauptsache, es hat gut geschmeckt, und es ist noch immer ein bißchen da

Wenn Lafer in seiner Küche steht, beginnt sich der Mann zu offenbaren. Es sind die kleinen Gesten, die eine ganze Lebensgeschichte erzählen. In seinen Sendungen steht sein Gesicht im Vordergrund, das in seiner Eigentümlichkeit das größte Kapital einer Medienberühmtheit ist. Lafers Lächeln erliegen die Millionen. Aber jetzt muß er nicht lächeln, er muß gar kein Gesicht „machen". Jetzt spricht sein Körper, seine Haltung, sprechen seine Hände. Lafer ist ein großgewachsener Mann, aber kein athletischer Hüne. Trotz seiner Schlankheit – unter den großen Küchenchefs gibt es erstaunlicherweise mittlerweile fast keine Dicken mehr – hat er etwas Weiches, Rundes. Die Schultern hängen ein wenig, der Bauch tritt ein wenig hervor, der Körper scheint sich immer über etwas zu beugen, etwas aufzunehmen, etwas zu beschützen. Wie die Mutter über ihr Kind auf der Wickelkommode beugt Lafer sich über den Kopftopf. Jenny ergreift mit ihren winzigen Händen Filetstücke vom Loup de mer, in deren Silberhaut Schnitte gemacht sind. Da verrät sich das Kind des Kochs, das im zartesten Alter schon mit Speisen umzugehen gewohnt ist, die die Altersgenossen noch verabscheuen. Vom Vater kommt jetzt nur ein knapper Blick. Wenn er mit diesem Kind in der Küche zusammenwirkt, schwindet etwas von seiner leidenschaftlichen Zärtlichkeit, etwas Trocken-Professionelles tritt an die Stelle. So klein das Mädchen ist, es weiß, daß der Ernst und die Kraft des Hauses Lafer der Küche gelten.

Nein, mitarbeiten muß die kleine Jenny nicht, aber man spürt, daß ihr Vater in ihrem Alter bereits mitarbeiten durfte und wollte. Gewiß wird es niemand als fatalen Lobpreis kindlicher Fabrikarbeit mißverstehen, wenn man feststellt, daß das frühe Hineinwachsen der Kinder in die Handwerksberufe der Eltern einen Erfahrungsschatz hervorbrachte, der das Wunder der europäischen Handwerkskunst teilweise erklärt. Wenn Jenny ihrem Vater die Loup de mer-Filets reicht, ist nichts mehr von Spiel in der Luft; Lafer nimmt sie entgegen, als habe sie ihm sein Sous-Chef gereicht. Das lebhafte Kind ist in der Küche konzentriert bei der Sache. Zwischen Vater und Tochter gibt es hier nicht viele Worte. Das Kind wundert sich nicht über die väterliche Unentschlossenheit, das Schweifen und Tasten; es lebt mit dem selten gesehenen Vater gleichwohl in Symbiose und weiß, daß in jedem Augenblick die Arbeit beginnen kann. Lafer, der Kochlehrling im „Gösser-Bräu", der junge Koch im „Schweizer-

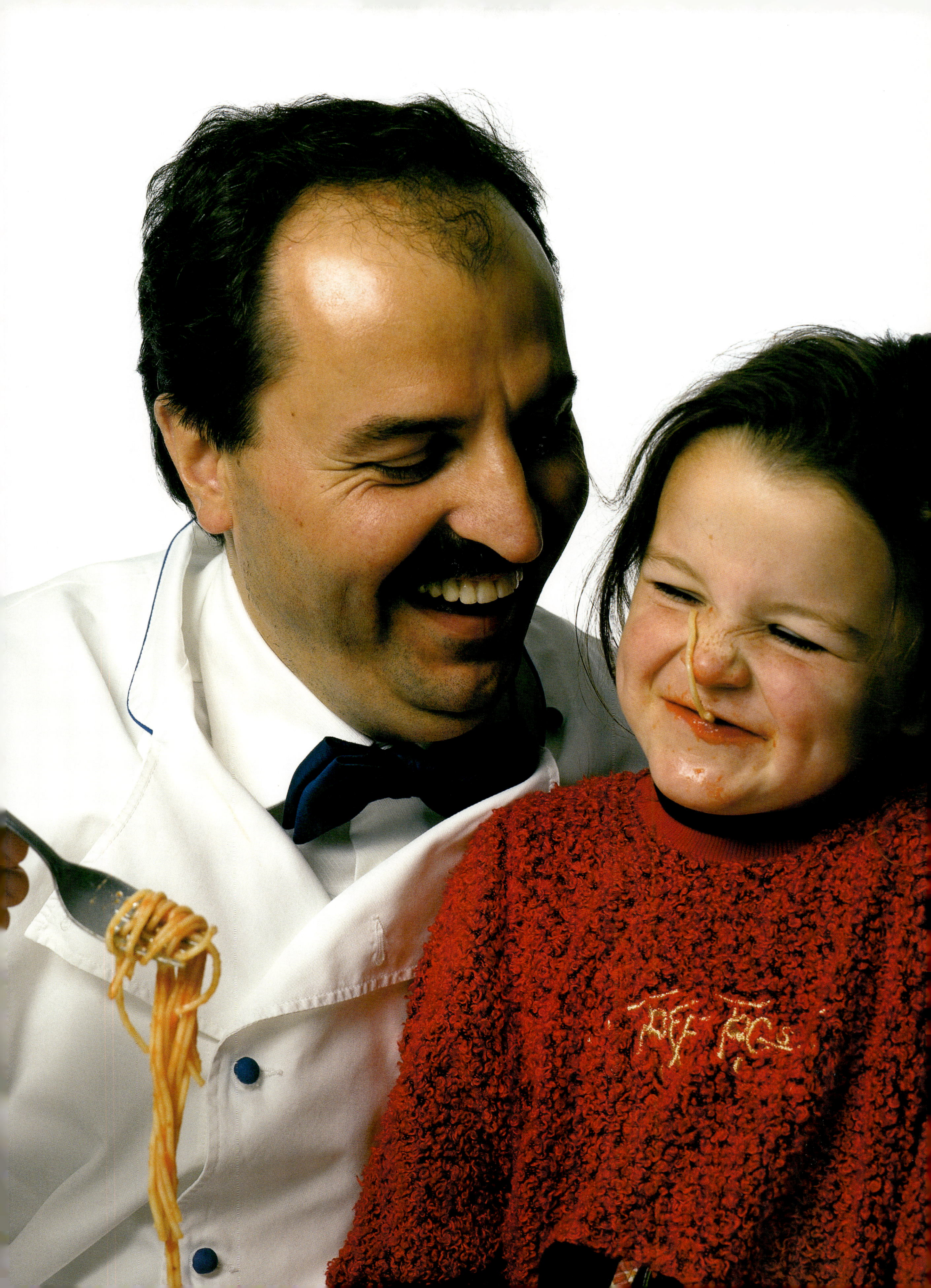

Wem die Möhrchen wohl besser schmecken, den Häschen oder Jennifer oder dem Papa: ein Blick in die Augen verrät die Antwort. Silvia und Johann Lafer, deren Zeit miteinander immer bemessen ist, wollen ihrer Tochter die Unschuld und das träumerische Glück der Kindheit gemeinsam bewahren

hof" ist plötzlich wiederauferstanden. Der Starkoch, der Fernsehkoch, der Richter über den guten Geschmack, der Mann, der den Trend bestimmt, der Kochtheoretiker fallen von ihm ab. Da liegt eine geputzte Karotte. Lafer nimmt sie, ohne sie anzusehen, und beißt nachdenklich hinein. Mit diesem Griff hat er sich als ganz junger Mann in der Küche etwas in den Mund gesteckt. Er trägt jetzt keine Schürze und keine weiße Jacke, aber er greift mit der von der Karotte befeuchteten Hand mit einer unverwechselbaren Bewegung an seine Hosen, so wie sich seit allen Zeiten Millionen Köche die Hände in einer unwillkürlichen Bewegung an der Schürze abgewischt haben. Beweist er nicht mit dieser Geste, daß er bis in die letzte Faser hinein Koch ist – gerade weil er jetzt keine Schürze trägt?

Lafers Professionalität, seine Verschmolzenheit mit seinem Beruf drückt sich in vielen Gesten aus. „Den Koch erkennt man am Salzen", sagt er, indem er sich einen Augenblick aus seiner Abwesenheit auftauchend an den Gast wendet. Wie salzt ein Koch? Er reibt das Salz nicht zwischen Daumen und Zeigefinger und läßt alles auf dieselbe Stelle fallen, er greift in den Salztopf wie ein Bauer bei der Aussaat mit der ganzen Hand und streut das Salz, das unfruchtbare Kristall, wie ein Sämann aus, die schwungvolle Bewegung läßt die Körnchen ebenmäßig über eine größere Fläche regnen. Und wenn Lafer salzt, braucht er kaum mehr hinzugucken. Das ist überhaupt das Bezeichnendste seines Arbeitens, die tänzerische, verträumte Zerstreutheit. Er öffnet Flaschen, die verschiedensten Essige, Öle, Weine, Liköre, und hebt sie an die Nase. Er nimmt auf, was ihm da entgegensteigt. Wie ein Komponist, der auf dem Flügel improvisiert und melodische Figuren ausprobiert, ihnen nachhorcht und sich fragt, wie sie seinem neuen kleinen Klangkosmos einzufügen seien, so setzt Lafer sich den Geschmacksfarben aus den Flaschen, wahren Flaschengeistern, aus. Sein Riechen ist ein Akt der Kommunikation – als spräche er mit der aromatischen Substanz. Und wenn der Dialog zu einer Entscheidung führt, dann schüttet er wieder in der gewohnt großzügig gleichgültigen Weise über Topf oder Pfanne, ein schlängelndes, aus dem Handgelenk kommendes Gießen, eine Sicherheit der Bewegung, als seien Gehirn und Hand unmittelbar verbunden.

Die Phase des planenden Schwankens, der inneren Schau, ist nun zu Ende. Unmerklich ist er aus dem Nachdenken in das Tun hineingeglitten, obwohl seine

Engelchen, Engelchen, flieg – wie alle Eltern geraten auch Silvia und Johann Lafer dabei ein wenig aus der Puste, weil Jennifer überhaupt kein Ende finden mag. Das Kind jauchzt, die Eltern empfinden dankbar den Luxus eines gemeinsamen Spaziergangs durch die Wälder um die Stromburg

Handlungen noch etwas Provozierendes haben, als wolle er die vor ihm liegenden Speisen zu einer eigenständigen Reaktion aufreizen. Könnte man sich bei einem Koch wie Lafer nicht vorstellen, daß der Rehbraten von allein in die Pfanne springt und sich im heißen Öl wälzt, nur um seinem Herrn zu gefallen und seinem Willen zuvorzukommen? Im offenen Sommerhemd mit ferienmäßig freiem Hals wird Lafer so jung, wie er ist, ein Junge, der etwas ausprobiert, der mit seinem Hobby konzentriert beschäftigt ist. Seine Hände streichen über das Fleisch wie über einen Rücken, den sie massieren wollen. Sogar sein Schneiden hat etwas Unbewußt-Streichelndes, etwas Instinkthaftes. Lafers Umgang mit dem Fleisch hat etwas, was er nirgendwo gelernt hat, sondern immer schon wußte. Wie wird diese rohe Substanz noch besser? Die Qualität schläft in ihr. Sensible Hände können sie herauskitzeln. Die Hände des Kochs Johann Lafer sind wahrlich sensibel; aber zugleich sind sie auch völlig gefühllos. Tausend sinnreiche Kücheninstrumente hat man ersonnen, und er gehört selbst zu den Erfindern von immer neuen, aber wenn es ernst wird, vertraut er vor allem seinen Händen. Diese Hände haben vor Hitze keine Angst, sie greifen in kochenden Wasserdampf und in brutzelndes Öl. Die Substanzen wissen offenbar, daß sie diesen Händen nicht schaden dürfen. Spargel prüft man auf ihre Garheit, indem man mit der Gabel hineinsticht? Lafer nimmt die kochendheiße Stange zwischen zwei Finger und drückt sie, das sagt ihm mehr als jede Gabel. Der Langustenschwanz liegt nicht richtig in der Pfanne? Den rückt er mit den Händen zurecht. Der physische Vorgang seines Kochens scheint nichts Mittelbares zu dulden; nicht mit den Händen zu fühlen ist für Lafer, als solle ein Pianist mit Handschuhen Klavier spielen.

Obwohl die Sonne nun längst gesunken ist und das Licht allmählich seine Kraft verliert, schaltet Johann Lafer keine Lampe an. Es ist die Blaue Stunde, der kurze Tagesmoment, in dem die Zeit stehen zu bleiben scheint. Aber seine innere Uhr bleibt deshalb nicht stehen. Wenn er ein Stück Fisch in die zischende Pfanne wirft, kann er sich davon abkehren, als habe er diesen Fisch nun vollständig vergessen, während der laienhafte Betrachter fürchtet, die Hitze werde alles verbrennen. Im genau richtigen Augenblick wird Lafer das Messer sinken lassen und sich dem Fisch in seinem Rücken wieder zuwenden. Er war die ganze Zeit über myotische Fäden mit dem Fisch verbunden. Soeben hat er den Korkenzieher in eine Flasche gedreht. Während er den Korken herauszieht, wirft er einen Blick auf die Pfanne. Der Fisch ist fertig. Lafer hebt ihn auf die wartenden Teller, es ist nur ein kleiner Sprung von der Pfanne auf das kühle Porzellan. Alles gleitet, schwimmt, geht ineinander über. Kochen ist ein Schlaf mit offenen Augen, ein unversehenes Erwachen, ein elegant wie ein Florettstich placierter Eingriff, ein betrachtendes Nachdenken. Und immer noch zwitschern die Vögel draußen. Der Nachbar hinter der hohen Gartenmauer hält dreißig Singvögel in einer Volière, die als geschlossener Chor gegen die weithin verstreuten Vögel in Freiheit antreten. Es ist der Abend, den sie besingen, aber vielleicht sind es auch die ersten Gerichte, die Johann Lafer nun zum Hinaustragen Jenny übergeben kann; sie wird auf ihrem kleinen Tablett jeden Teller einzeln in den Garten bringen.

Vom Tischgespräch fabelt die Genießerliteratur. Läßt der ganz große Genuß nicht verstummen? Und wer wird vom Koch, und selbst von einem derart beredten, eine Konversation erwarten, eine verbale Sauce, die den materiellen Saucen, die er soeben geschaffen hat, Konkurrenz macht? Johann Lafer genießt, daß es langsam kühler wird. Er spricht leise, und auch seine Frau dämpft ihre Stimme. Die Gehilfin, das kleine Küchenmädchen Jenny, ist fest eingeschlafen. Ein großer Plüschtiger deckt sie zu, ihr Kopf liegt im Schoß des Vaters. Er hat an diesem Abend auf seine Weise zu dem Kind gesprochen, in der Werkstatt inmitten der zischenden, dampfenden, duftenden Töpfe. Daß es jetzt schläft, ist für ihn die schönste Antwort auf seine Kunst.

Ein kreativer Koch wie Johann Lafer ist natürlich ebenso ein Traditionalist. Auch das Studium seiner umfangreichen Koch-Bibliothek beflügelt seine kulinarische Phantasie und federt die spontane lukullische Eingebung mit Kennerschaft und Historie ab

Nachdenklich auf dem Gipfel des Erfolgs

Wie das Glück ihn in Guldental traf und auf die Stromburg führte: Johann Lafer, der Patron und Unternehmer

Wie kam Johann Lafer nach Guldental? Die Anzeige, die er aufgegeben hatte und die in seiner Erinnerung eine solch eminente Stellung einnimmt, war vor allem an ihn selbst gerichtet. Hier las er einmal objektiv und auf Zeitungspapier, was er bisher geleistet hatte und was er in Zukunft leisten wollte. Aus einem oft dornenreichen Entwicklungsweg war etwas Vorzeigbares geworden. Er hatte seine Zeit nicht vertan; auch die unerfreulichen Stationen waren in ihrer Art sinnvoll und ein Gewinn. Die Anzeige wurde vielfach zur Kenntnis genommen, die Antworten trafen haufenweise ein. Lafer reiste herum und schaute sich an, was man ihm anbot. Das Richtige war nicht darunter.

Der Hinweis eines Journalisten war das Schicksal. Es gebe an der Nahe, zwischen Bad Kreuznach und Bingen, einen kleinen Weinort mit dem romanhaften Namen Guldental. Dort war seit Generationen die Familie Buchholz ansässig, wein- und ackerbauend und mit einem großen Gasthof. Die Tochter habe sehr deutlich aus dem Nest herausgeguckt, nachdem sie erst einmal Weinkönigin der Nahe gewesen war. Königin Silvia hatte ihr Königreich verlassen, um in Frankreich, in dem Drei-Sterne-Restaurant des Georges Blanc in Vonnas, die hohe Schule der Gastronomie zu erlernen. Die Eltern, die Gastwirte des „Kaiserhofs", wollten die Tochter wieder in ihrer Nähe haben. Was machen liebende Eltern, um ihr Kind zurück zu locken? Der „Kaiserhof" war kein Sternerestaurant und wollte auch keines sein. Aber gegenüber an der engen Dorfstraße gab es ein weiteres Gasthaus, „Glöckners Alte Weinstuben". Der Wirt dort war gestorben. Konnte Silvia hier nicht versuchen, auszuprobieren, was sie in Frankreich gelernt hatte? Die Eltern mieteten die Räume, Silvia reiste mit Koch und Maître d'Hôtel aus Frankreich an, aus Guldental wurde „Val d'Or".

Was sie auf die Beine stellte, konnte sich sehen lassen. Das 1979 eröffnete Restaurant hatte alsbald einen Stern im Michelin. Aber man darf nicht vergessen, daß die Bewegung der Neuen Küche in Deutschland noch nicht lange Wurzeln geschlagen hatte. Das Publikum hatte sich an den neuartigen Typ solcher Restaurants noch nicht gewöhnt und erwartete sie nicht in abgelegeneren Gegenden. Viele Leute, die es sich durchaus hätten leisten können, fanden es frivol, zweihundert Mark für ein Abendessen auszugeben. Die kleine französische Insel, die Silvia Buchholz an der Nahe aufgebaut hatte, gewann nicht genügend Unterstützung,

Hoch über dem Hunsrück-Städtchen Stromberg ragt der Bergfried der Stromburg in den Himmel. Die Burg, keltisch-römischen Ursprungs, war einst Sitz des „deutscher Michel" genannten Hans Elias Michael von Obentraut, der als tapferer Reiterführer im Dreißigjährigen Krieg zu Ruhm kam. Johann Lafer, heute Herr auf der Burg, träumt im Kräutergärtchen von schöneren, friedlichen Schlachten

So sieht ein Paradies der Gourmandise aus: Einen letzten prüfenden Blick wirft Johann Lafer auf die Menükarte für den Abend und die eingedeckten Tische im „Val d'Or“ dem Gourmet-Restaurant auf der Stromburg. Wie an jedem Abend werden Feinschmecker aus aller Welt den eleganten Saal erwartungsfroh füllen und am Ende des lustvollen Abends mit Komplimenten an die Adresse des Patrons nicht geizen

Immer wieder geht es in der Küche auch heiß her, da zischt und dampft es, brutzelt, siedet und kocht. Jeder Handgriff sitzt, jeder weiß, was er zu tun hat. Johann Lafers weiße Brigade schwört auf den Chef, der Patron seinerseits schätzt die kompetente und freundschaftlich-vertraute Arbeit mit dem hochbegabten Jörg Leroy, der seit vielen Jahren sein Küchenchef auf der Stromburg und kulinarischer Wegbegleiter ist

um überleben zu können. Silvia einigte sich mit ihren Eltern, noch einmal einen Versuch zu machen. Da kam die Empfehlung des Journalisten.

Johann Lafer reiste an. Guldental lag schon deutlich im Süden Deutschlands, von Hamburg und Berlin aus gesehen jedenfalls. Lafer fühlte, daß er sich hier zu Hause fühlen könnte. Das Dorf ist von Weinbergen umgeben. Die Lagen „Guldentaler Schloßkapelle" und „Guldentaler Rosenteich" gehörten den Buchholzens. Das war ein gewachsenes Bauernland, der Rhein und Frankfurt am Main lagen in nächster Nähe. Das „Val d'Or" hatte die richtige Größe. Er hatte in den großen Häusern oft unter der schier unerträglichen Anspannung gelitten. Er wollte seine Gäste verwöhnen, das Gespräch mit ihnen suchen. In einem Haus mit dreißig Plätzen würde das möglich sein. Aber das Wichtigste war doch die Person Silvia Buchholz. Lafer sah hier eine Frau vor sich, die dasselbe Ideal wie er verfolgte. Das war eine Patronne, die keine Kompromisse machte und ihr Restaurant lieber schließen würde, als Abstriche an der Leistung zuzulassen.

Ich bin sehr selbstbewußt aufgetreten", sagt Lafer, als er von seiner ersten Begegnung mit Silvia Buchholz erzählt. Dabei war ihm im Grunde nicht recht wohl zumute. Die Frage, ob es gelingen würde, einen Gästestrom in das „Val d'Or" zu lenken, konnte er als Ortsfremder noch schlechter beantworten als die Familie Buchholz. Und dann war er nun jahrelang vor allem Pâtissier gewesen. Mit Desserts allein würde er kein Restaurant bestreiten können. Auch diesmal wieder stand ihm bevor, was er in den Lehrjahren so häufig hatte leisten müssen – der Sprung ins kalte Wasser. Die Buchholzens hatten ein Einsehen. Man würde einmal einen Versuch von drei Monaten machen – wenn sich dann nichts tat, wollte man das Experiment vorerst als beendet ansehen und sich etwas anderes überlegen. Was verleitete ihn dazu, sich auf einen solchen Versuch einzulassen? Hatte er nicht sicherere Angebote, von eingeführten Häusern, die darauf warteten, sich mit „Deutschlands bestem Pâtissier", wie die Serie in einem Gourmet-Magazin hieß, zu schmücken? War es nicht Zeit, einfach einmal einzustreichen, was man haben konnte, indem man auf die Erfahrungen der letzten Jahre baute, anstatt wieder etwas Neues anzufangen?

Aber da war Silvia Buchholz und ließ solche Überlegungen verblassen. Sympathie und Liebe seien nach und nach während der Zusammenarbeit gewachsen, sagt Lafer, kein Blitz sei eingeschlagen, als sie einander zum ersten Mal begegneten. Es lag eben ein großer Reiz darin, nicht ein fix und fertiges Restaurant, das als

Feinarbeit im kulinarischen Detail ist Johann Lafer so vertraut wie der große Auftritt. Nach dem Diner beim deutsch-französischen Gipfel in Mainz bat man zum gemeinsamen Foto. Staatspräsident Jacques Chirac, Bundeskanzler Gerhard Schröder, Ministerpräsident Lionel Jospin, der rheinland-pfälzische Ministerpräsident Kurt Beck lachen mit Johann Lafer und dessen Koch-Kollegen Hans Stefan Steinheuer und Karl-Emil Kuntz in die Kamera. Sie haben offenbar guten Grund dazu

Le Val d'Or

So rührend hat es einmal begonnen: Silvia Buchholz, die Patronne, und Johann Lafer, der Chefkoch, 1983 hoffnungsfroh am Anfang eines steilen Erfolgsweges, der das intim-elegante „Val d'Or" zu Guldental im Nu in die obersten Ränge der deutschen Gourmandise führt. Heute residiert hier das „Table d'Or", Johann Lafers Kochschule

Institution schon ausgereift war, zu übernehmen, sondern mit einer klugen, bestens ausgebildeten jungen Patronne gemeinsam ein Restaurant aufzubauen, das haargenau den eigenen Vorstellungen entsprach, wie sie in der Lehrzeit gewachsen waren. Zum Glück gab es die Freunde, die halfen, den „Val d'Or"-Express auf die Schiene zu setzen. Die Köche Bernhard Strolz aus Österreich und Franz Raneburger aus Berlin kamen und bildeten mit den verbliebenen beiden Köchen eine für das kleine Restaurant eindrucksvolle Küchenbrigade. Lafer war Realist. Erfolg, das wußte er, kommt nicht allein von der guten Küche, er ist ein Zeichen dafür, daß das ganze Konzept stimmt, die Größe des Restaurants mit dem Gebotenen harmoniert, die Atmosphäre, die Lage, die Kalkulation. Silvia Buchholz fühlte wie ihr Chef de Cuisine die Furcht vor dem Scheitern, die am Horizont schon recht deutlich aufgestiegene Sorge, das „Val d'Or", für beide der erste wagemutige Schritt in die Selbständigkeit, könne ein Fehlschlag werden.

Johann Lafer hatte in den besten Restaurants viele Gerichte kennengelernt, die Legende geworden waren. Wie sie schmeckten, wußte er. Er hatte sich Notizen gemacht und aufgeschrieben, was nachahmenswert war und wovor man sich in acht nehmen mußte. Was war übertragbar? Was hatte über den Tag hinaus Bestand? Witzigmanns Klassiker etwa waren gebratene Seezungen in Sardellenbutter. Fischfond gehörte dazu, zu Creme zerdrückte Sardellen und Sahne, aber was Witzigmann mit diesen Zutaten anstellte, das hatte Lafer nicht zu fragen gewagt, es schien auch einfach zu sein. Jetzt in Guldental stand er ratlos am Herd. Die Sardellen-Sauce gelang nicht. Vor ihm stand sein Traumbild von dieser Sauce, unerreichbar, das machte ihn verrückt. „Man kann sich ein Rezept nicht bloß mit den Augen aneignen. Auch das geschriebene Rezept ist nur ein Anhaltspunkt. Wir kochen mit natürlichen Materialien. Die Geschmacksintensität und die Festigkeit der Gemüse und Fische differieren bei jedem Stück. Manchmal glaube ich, daß sogar der Luftdruck Einfluß auf die Wirkung der Gewürze nimmt."

Als Pâtissier hatte er seinen Stil gefunden, aber er erschrak, wenn die Gäste begeistert zu ihm sagten: „Wir kommen zu Ihnen wegen des Nachtischs." Alles in allem aber hatte er keinen schlechten Start. Dankbar denkt er an diese Zeit, die unwiederholbar ist. Der kulinarisch-gastronomische Aufschwung in Deutschland hatte ein neugieriges, experimentierfreudiges Publikum hervorgebracht. Die Zeitungen und Zeitschriften verfolgten eifrig, was sich tat. Daß Lafer jetzt in Guldental bei Silvia Buchholz saß, hatten die Branche und die Fachpresse schnell mitbekommen. Die Buchholzens merkten bald, daß sie auf das richtige Pferd gesetzt hatten. Johann Lafer hatte sich ausgedacht, daß die Gäste, die eine gewisse Entfernung zum „Val d'Or" zurückgelegt hatten, nicht mit leeren Händen wieder aufbrechen sollten. Er kaufte von seinem eigenen Geld für zweitausend Mark Früchte und Gläser und bereitete eine besonders gute Marmelade, die im Glas mit handgeschriebenem Schildchen präsentiert wurde. Zum Abschied lud er die Damen einer Tischgesellschaft in den Keller und ließ sie dort Marmeladen aussuchen. „Wenn ich mir überlege, wieviel Geld ich heute einsetzen muß, um meine Produkte zu fördern, dann kommen mir diese zweitausend Mark angesichts des Riesenerfolgs, den diese Marmeladen hatten, immer noch märchenhaft wenig vor." Ihm war wichtig, die Gäste merken zu lassen, daß sie mit einem großen Herzen aufgenommen und verwöhnt wurden. Und es gehörte zu seiner besonderen Freude, wenn die Gäste dankbar und lustvoll registrierten, daß Johann Lafer lernte und besser wurde.

Ein funktionierendes Restaurant ist einer großen Maschinerie vergleichbar. „Da steht man wie ein Kind vor der Märklin-Eisenbahn und staunt, wie die Weichen umspringen und die Züge sich kreuzen, ohne zu entgleisen." Solch einen

Kompromißlos fühlt sich Johann Lafer in allem der ersten, der äußersten Qualität verpflichtet. Er schätzt Menschen, die ihm darin gleichen – seinen Schwiegervater Günther Buchholz zum Beispiel, dessen wunderbare Obstbrände er den Gästen des „Val d'Or" empfiehlt, oder Hardy Rodenstock, der als Kenner, Sammler und Händler alter bedeutender Weine Weltgeltung genießt

Betrieb täglich auf der gleichen Höhe zu halten – das sei etwas anderes. Ein anspruchsvolles Restaurant braucht Konstanz; der Gast muß sich darauf verlassen können, täglich dort die gleiche Qualität vorzufinden. Daß nicht alle Waren täglich frisch zu haben sind, interessiert den Gast nicht. Auch wenn er am Montag kommt, will er ebenso gut essen wie am Freitag.

Damit die Küchenbrigade jeden Tag in Höchstform ist, muß der Chef mit Luchsaugen jedes Versäumnis verfolgen. Lafer ist nicht von Witzigmanns jähem Temperament. Er hat sich ein anderes Erziehungsinstrumentarium zurechtgelegt. Am „Pass" nimmt er die Gerichte ab, die hinaus in den Gastraum sollen. Da konnte und kann es immer noch vorkommen, daß Lafer nach kritischer Würdigung eine Einladung ausspricht. „Du ziehst jetzt die Schürze aus", sagt er dann zu seinem Koch, „setzt dich ins Restaurant und bekommst diesen Hummersalat serviert, den du da eben gemacht hast. Dazu spendiere ich dir ein Mineralwasser. Wenn du fertig bist, zahlst du dem Kellner deine sechsundfünfzig Mark für den Hummersalat und kommst wieder zurück in die Küche." Der Koch neige dazu, das Essen zu verlernen: Essen ist etwas für die Gäste. Und dann komme es leicht in einer Brigade zu dem schlimmsten und gefährlichsten Gedanken, der ein Restaurant zerstören könne: „ Das merken die nicht!" „Die Gäste merken alles", sagt Lafer, und er will sogar, daß sie alles merken, die Qualität natürlich an erster Stelle, aber auch, wenn sie einmal verfehlt ist. Die Spitzengastronomie kann nur mit sachkundigen Gästen bestehen. Die Aufmerksamkeit der Gäste, ihr Bestreben, bei den außergewöhnlichen Momenten dabei gewesen zu sein, dem Kreis der Gourmets zuzugehören, tragen diesen Ausnahmekoch, der vom Zuspruch seiner Gäste lebt.

Die achtziger Jahre brachten einen unaufhörlichen Aufschwung. Die Kombination aus Silvia Buchholz, die im Restaurant die Gäste als das damals noch seltene Beispiel einer Sommelière vor allem auch beim Wein beriet, und Johann Lafer in der Küche wurden zur Legende. Das war ein Grund zur Freude, die Ängste der Anfangsjahre ließen nach. Zugleich wurde aus der Küche in Guldental mit ihren zehn Angestellten für Lafer allmählich ein Gefängnis. Abwesenheit und weitergespannte Tätigkeit auf dem Feld der Publizistik waren praktisch nicht möglich. Der „Val d'Or"-Betrieb war auf die lückenlose Anwesenheit seines Chefs eingestellt. Immer drängender stellte sich aber die Frage: Wie finde ich aus dieser Spirale wieder heraus? Für sein schier besinnungsloses Arbeitstempo, das ein Aufschauen eigentlich nicht mehr erlaubte, ist eine hübsche Episode aus dem Jahre 1987 bezeichnend. Es erschien soeben ein neues Lafer-Kochbuch. Lafer reiste zur Autogrammstunde nach Köln. Neben den Stößen des eigenen Buches lag der neue Michelin. „Haben Sie schon gesehen?" fragte der Verkäufer. Lafer schlug das Buch auf und entdeckte, daß neben dem „Val d'Or" ein zweiter Stern prangte. Er hatte nichts davon läuten hören, keiner hatte es ihm bis dahin mitgeteilt. Als er schließlich nach Hause kam, fand er eine schon glückselig feiernde Mannschaft vor, die ihn mit Jahrgangschampagner empfing.

Große Investitionen wurden jetzt im „Val d'Or" erforderlich. Johann Lafer verstand, daß der Augenblick gekommen war, die unternehmerische Verantwortung für das „Val d'Or" ganz zu übernehmen. Nur so, das fühlte er deutlich, würde er die Gestaltungsfreiheit gewinnen, die er brauchte, um das Haus auf dem Stand zu halten, den er für erforderlich hielt. Die Entscheidung wurde unausweichlich; Silvia Buchholz und Johann Lafer kamen überein, daß er das Restaurant von ihr erwürbe. 1988, der zweite Stern war gerade ein Jahr alt, wechselte das „Val d'Or" den Besitzer. Lafer stand nun endlich auf eigenen Füßen. Silvia Buchholz war nicht mehr Patronne, aber das hieß nicht, daß sie das „Val d'Or" verließ. Aus dem Kampf der gemeinsamen Jahre und dem gemeinsam errungenen Erfolg war eine solche Nähe entstanden, daß Lafer und seine frühere Chefin Silvia im Jahr 1990 einander heirateten.

Gern trommelt Johann Lafer für die Sache des guten Geschmacks und der großen Küche. Schön, wenn er dabei nicht allein ist. So bereitete er zur Eröffnung der Expo 2000 in Hannover ein festliches Essen für nicht weniger als 3500 Personen – gemeinsam mit allen Chefköchen der deutschen Häuser, die sich wie die Stromburg zur Luxushotel-Kette „Relais & Châteaux" zählen dürfen

Da wurde bekannt, daß die nahegelegene Gemeinde Stromberg die in ihrer Gemarkung gelegene Burgruine Stromburg mit Burgrestaurant neu vergeben wolle. Von der Stromburg hat der Lauf der Zeiten vor allem zwei große Türme übrig gelassen: Ein prachtvoller breiter Wohnturm mit Fachwerk in den oberen Stockwerken ist unten mit einer gewölbten Torhalle versehen, durch die man die Anlage betritt; versetzt dazu steht ein ungewöhnlicher, eigentümlich pulverturmartiger, fast ganz fensterloser Turm, der die Burg zu einem magischen, phantasieanregenden Ort macht. Die Stromburg liegt auf einem Bergrücken in einer hügeligen Landschaft, von ihren Terrassen blickt man in enge Täler, aus denen sich dicht bewaldete Berge erheben.

Von den Gebäuden waren, von den Türmen abgesehen, nur ein paar steile Mauern mit romanischen Fensterbögen erhalten. Immerhin gab es hier eine „Burgstube" mit Butzenscheiben und dunkler Tannenholztäfelung. Bier für die Erwachsenen, Limo für die Kinder, die beliebten Schnitzelvariationen und belegte Brote waren die Erfrischungen, die hier zu erwarten waren. Konnte die Stromburg wieder aufwachen und ein Ort der Gegenwart werden, an dem sich die Genießer von überall her versammeln, um Gourmet-Küche zu erleben? Natürlich mußte, was sich an Baulichkeiten auf der Burg befand, sehr erweitert werden. Liebevolle Restaurierung und professionelle Modernisierung mußten sich ergänzen. Das „Val d'Or" würde dort oben nur unwesentlich auf fünfundvierzig Sitzplätze erweitert, aber man plante nun auch eine „Turmstube" mit fünfzig Plätzen und einer etwas einfacheren Karte und einen Saal, in dem hundertzwanzig Menschen ein Fest feiern konnten. Das Konzept, ein exquisites Gourmet-Restaurant und ein exquisites, aber kostengünstigeres Restaurant unter einem Dach und von einer Küche aus zu betreiben, hatte Lafer in den „Schweizer Stuben" kennengelernt, als er seine Pâtisserie für Hauptrestaurant und „Schober" zugleich zubereitete.

Am ersten Dezember 1994 schlug die Stunde des Umzugs nach großen Bauarbeiten und bedeutenden Investitionen. Guldental war in „Val d'Or" ironisch gefeiert worden; die beiden Begriffe sollten nun nicht mehr zusammen gehören. Lafer spricht von dem „weinenden Auge", mit dem Silvia und er diesem Umzug zusahen. Es war ein großer Abschied von einem Lebenskapitel, das nur Fortschritte, Erfolge und ein Wachsen der Kräfte gekannt hatte. Bisher war man mit zehn Angestellten ausgekommen, die Stromburg aber bedurfte der Kraft von siebzig Menschen, um so perfekt betrieben zu werden, wie die Lafers sich das vorstellten. Der Fachwerkwohnturm war jetzt ein Hotel, das luxuriöse Suiten bereithielt, für alle, die die Schätze des Laferschen Weinkellers erforschen wollten. Die Zeit, in der die Lafers sich ausschließlich um die Gäste ihres Restaurants kümmern konnten, war für immer vorbei.

Die Kosten, die Gourmet-Küche verursacht, liegen so hoch, daß sie mit den Einkünften eines Restaurants nur knapp zu tragen sind. Für die große Küche gilt, was für jede Form kunsthandwerklicher Handarbeit zutrifft: Sie ist eigentlich unbezahlbar geworden. Man muß kein Betriebswirt sein, um sich auszurechnen, was ein Restaurant erwirtschaften muß, um einen Stab wie den auf Johann Lafers Stromburg zu finanzieren. Und dabei ißt man nirgendwo so günstig wie in einem Sterne-Restaurant, wie Lafer gern vorrechnet. Das Schnitzel in der Kneipe für sechzehn Mark hat drei Mark Warenwert. Der Kostenanteil der Materialien und der Zubereitung liegt in einem Gourmet-Restaurant natürlich unvergleichlich höher. Dennoch hat es lange gedauert, bis die Gäste das verstanden haben. Für Johann Lafer ist es immer noch schmerzlich, wenn die Preise für Gourmet-Küche dem Publikum als zu hoch erscheinen. Er versteht sich als Gastgeber und leidet, wenn ein Gast die Rechnung als unreell betrachten könnte. Verständnis für das Kochen zu wecken ist deshalb sein zentrales Anliegen. Als er sich entschloß, zusätzlich zu seiner Arbeit am Herd und seiner Sorge um die Gäste auch einer weiteren Öffentlichkeit bekannt zu werden, war es hauptsächlich der Wunsch, das Publikum auszubilden und zu informieren, der ihn zu seiner Medienpräsenz gelangen ließ. Sie machte sein Gesicht zu einem der bekanntesten in Deutschland.

Johann Lafer, der Patron, Hotelier und Medienstar, hat viele Arbeitsplätze: Die Küche, das Restaurant, das Fernsehstudio, die Kochschule, den engen, mit Arbeitsvorgängen überladenen Schreibtisch – und nicht zuletzt den Weinkeller, der in perfekter Ordnung und idealer Klimatisierung mehr als sechshundert verschiedene Weine edelster Provenienz bereithält. Aus solcher Fülle des Besten wählen zu dürfen, ist das Glück des Gastes wie des Patrons

Kochbücher und Kochrezept-Serien in Zeitschriften begleiteten längst schon seinen Arbeitsalltag. Achtundzwanzig Kochbücher hat Lafer bisher herausgegeben. Die schönsten darunter hat der Fotograf Michael Wissing ausgestattet, der für Lafers Rezepte eine neue Bildästhetik entwickelte, den malerischen Versuch, etwas vom Duft und der Substanz der Speisen aufs Papier zu bannen. Zu Lafers Stil gehört Einfachheit, aber nicht Puritanismus. Das Einfache ist bei ihm immer auch das Natürliche; die Verbindung zur Tradition – zu vielen Traditionen aller Erdteile – wird stets angestrebt. Lafers sinnliches Entzücken bei der Erinnerung an die Butterbrote seiner Jugendzeit sollte irgendwie in den elaborierten Aufnahmen stecken, deshalb gab Wissing seinen Bildern Schmelz und stillebenhafte Schönheit. Aber das gesprochene Wort sollte bei Lafer das geschriebene besiegen. Früh begannen Rundfunksendungen, und dann kam das Fernsehen. 1986 kochte er für die SWF-Sendung „Glaskasten" eine Himbeercharlotte, mit der er sich sofort bei den Guldentaler Mitbürgern in die Nesseln setzte. „Und die Früchte zu diesem köstlichen Dessert kaufen wir auf dem Frankfurter Großmarkt ...", als gäbe es in den Guldentaler Bauerngärten keine Himbeeren!

Beim Fernsehen sah man schnell, was man an diesem Koch hatte. Hier ging es, wie bei einem guten Teig, um die Mischung, die den Reiz ausmachte. Es gab Gourmet-Köche, und es gab begabte Dilettanten, und es gab die „gutbürgerliche Küche" – aber es gab nur einen, der das alles in seiner Person verband: Lafer war ein gefeierter Sterne-Koch, aber er war kein Snob, man sah ihm an, daß er das Essen liebte, er hielt es nicht für unter seiner Würde, den Dilettanten Mut zu machen, und er hatte Hochachtung für die einfache Küche, wie er sie von Jugend auf in bester Qualität gewohnt war. Mit Lafer hatte man die Einheit: das hohe Prestige der internationalen Kochkunst und den Kenner, der verriet, wie man den besten Kartoffelsalat und die wohlschmeckendste Linsensuppe zubereitete. Und das alles war nicht eine berechnend angenommene Pose, sondern entsprach der tiefsten Überzeugung und war aus der Lebensgeschichte Lafers organisch herausgewachsen.

So war es denn nur konsequent, daß sich im Jahre 1988 der Südwestfunk meldete, um eine große Kochsendung zu verabreden. Es ging wieder um Weihnachten, wenn in vielen deutschen Familien noch einmal Familie gespielt und zusammen gegessen wird. Gedreht wurde im Restaurant in Guldental. Die Dreharbeiten verliefen vom ersten Augenblick an katastrophal. Die Stimmung wurde immer gereizter. Lafer ist als Koch nicht cholerisch, wie man erfahren hat, aber als

ZIMMER FREI
Herrn Johann Lafer mit bestem Dank für ein vorzügliches Abendessen
mit meinem russischen Kollegen Jewgeni Primakow in Bacharach am 29. März

Le Val d'Or
Johann Lafer

Für Johann
herzlichst

Das Laute liebt Lafer wie das Leise, wenn es nur schön ist und harmonisch. So lauscht er gern einen Moment lang dem Vogelgesang vor dem Fenster einer Stromburg-Suite – doch ebenso gern, bei einem Pre-Dinner-Concert, dem entfesselt-melodischen Klangbild des improvisierenden Bob Degen-Quartetts um den genialen amerikanischen Jazz-Pianisten mit Harry Petersen am Altsaxophon, Klaus-Henning Usadel am Kontrabaß und Thomas Cremer am Schlagzeug

Neuling im Filmgeschäft platzte ihm der Kragen. Als der Name des Regisseurs genannt wurde, brüllte Lafer: „Wenn der noch einmal seinen Fuß in mein Haus setzt, komme ich mit dem Hackbeil aus der Küche und erschlage ihn!" Diese Sendung, die er als hoffnungslosen Fehlschlag ansah, wurde ein voller Erfolg. Die Redaktion konnte sich vor Nachfragen und begeisterter Post nicht retten. Der Regisseur und der Redakteur, die sich nach der lautstarken Verfluchung kaum wieder nach Guldental trauten, wurden freundlich aufgenommen. Man ging zu Rate. Jetzt sollte es keine Improvisationen mehr geben.

Eine Sendereihe wurde geboren, die im Jahr 2000 die zweihundertundfünfzigste Folge erleben sollte. „Johann Lafer kocht" entstand nun unter der Mitsprache von Lafer selbst. Aber es dauerte eine Weile, bis die Fernsehleute sich dazu durchringen konnten, ihre Glaubenssätze zu vergessen und Lafer Lafer sein zu lassen. Im Fernsehen gelten das Wort und der Mensch, der es spricht, oft noch nicht viel. Es muß sich immer „etwas abspielen", so als habe man sich noch immer nicht von der Tatsache erholt, daß man bewegliche Bilder produzieren kann. Wenn Lafer über Kohl sprach, stellte man ihn auf ein Kohlfeld, das unglücklicherweise zwischen einer von Lastwagen dicht befahrenen Straße und Bahngeleisen lag. In einer anderen Sendung ließ man ein Huhn durchs Studio laufen. Wichtiger waren die professionellen Überlegungen zu seiner Person: Was war mit seinem steirischen Akzent? Mußte er den nicht ablegen? Was war mit seiner atemlosen Sprechweise? Konnte da ein Logopäde nicht die Atmung regulieren? Und war nicht überhaupt Rhetorikschulung angesagt? Lafers Körpersprache war zu unbeholfen – am besten ginge er zu Sammy Molcho in die Lehre. Ein alter Hase sprach schließlich goldene Worte: „Bleiben Sie, wie Sie sind, oder hören sie auf, Fernsehen zu machen!"

Inzwischen sind die Beschäftigungen, die sich aus dem Kochen im „Val d'Or" organisch entwickelt haben, zu eigenen Betriebszweigen geworden. Die Stromburg steht für die Restaurants und das Hotel, für Party-Service und Catering. In Guldental hat sich in den alten Restauranträumen das „Table d'Or" etabliert. Hier sitzt die Kochschule und der Koch-Club, beides für Lafer überaus wichtige Instrumente für die Förderung des Bewußtseins seiner Gäste und die Entwicklung neuer Rezepte. Im Koch-Club wird nur Mitglied, wen Lafer sich wünscht, hier wird das neueste ausprobiert und diskutiert: „Die Koch-Club-Mitglieder sind meine Freunde und Versuchskaninchen." In Guldental werden Wein-Seminare gehalten, die Rundfunk- und Fernsehproduktion hat hier ihre Räume – darunter

die große alte Scheune, die heute ein perfektes Produktionsstudio ist –, und eine Kochboutique bietet alle Accessoires für eine anspruchsvolle Küche und den schön gedeckten Tisch. Alle Gegenstände, die mit Johann Lafers Namen als Lizenzprodukte hergestellt werden, Schneebesen, Töpfe, Pfannen, Messer, Mühlen, Gläser, Zauberstab, Essig, sind hier zu haben.

Lafer hat auch erkannt, daß sein Reisen und Forschen nach neuen Rezepten in einer Zeit, die ständig nach neuen Produkten Ausschau hält, nie ohne Folge bleiben kann. „Man denke nur an die Mousse au chocolat, die von der neuen Küche favorisiert wurde und heute von den Lebensmittelkonzernen angeboten wird. Wenn ich heute durch Thailand wandere, an den Töpfen der Garköche nasche, dort vielleicht Frühlingsröllchen im Bambuskorb entdecke und das dann im ‚Val d'Or' präsentiere: dann wird die Lebensmittelindustrie in gewissem Abstand nachziehen, wenn sich die Sache hier bewährt. Deshalb gibt es jetzt auch Johann Lafer Creativ, wo wir Restaurants beraten und Lebensmittelfirmen helfen, Produkte zu erproben, dem Kunden ihre Anwendung zu zeigen und die Präsentation mit Bildern und Rezeptkarten als fertiges Paket anbieten." Jeden Tag leistet Johann Lafer den Spagat zwischen den beiden Forderungen, die an ihn gestellt werden: für sehr viele da zu sein und für sehr wenige. Wenn Deutschland oder Österreich sich der Welt präsentieren, bei der UN-Vollversammlung, bei Staatsbesuchen oder bei der Weltausstellung in Hannover, will man das mit Johann Lafer tun. Er hat für die Olympiade in Atlanta, die MS Europa und das Weltbankenforum in München gekocht. Für Lufthansa kreiert er Menüs für First- und Business-Class. Viermal war er zu den „Masters of food and wine" in Kalifornien geladen. Die Öffentlichkeit fordert seine Gegenwart.

Selten in der Geschichte der Kochkunst erreichte ein Koch eine solche schier schrankenlose Popularität. Wenn Deutschland zum ersten Mal in seiner Geschichte ein Land werden sollte, das eine Kultur der Küche und des Genießens auf breitester Ebene pflegt, dann ist an diesem Mentalitätsumschwung Johann Lafer, der Kleinbauernbub aus Sankt Stefan im Rosental, ganz wesentlich beteiligt. Gibt es in einem solchen Leben noch unerfüllte Träume? „Ich träume von einem kleinen Restaurant mit einem einzigen großen Tisch für höchstens fünfzehn Personen. An diesem Tisch möchte ich sitzen und mich mit meinen Gästen unterhalten, und wenn ich Lust habe, aber nur dann!, möchte ich in die Küche gehen und etwas Gutes für sie kochen."

Abend über der Stromburg, Johann Lafer rüstet für die Tafelfreuden an den Tischen des „Val d'Or" und der „Turmstube". Hier ist, er weiß es wohl, das Kraftzentrum seiner weitgespannten kulinarischen Unternehmungen – dies gilt es zu erhalten, zum Wohl seiner Gäste, zum Besten der kulinarischen Kultur in Deutschland

Fußball ist Johann Lafers Lieblingssport: Wenn die Elf der Stromburg zu Freundschaftsspielen aufläuft, weiß die Mannschaft zu schätzen, daß der Chef im Tor steht. Lafer ist ein ehrgeiziger, ballhungriger Keeper – auch hier, zwischen den Pfosten, gibt er seinem Team die Sicherheit zu spielerischer Entfaltung und leitet kreative Impulse nach vorn